AF258727

RÉGIME LÉGAL

DES

EAUX DE SOURCE

ET DES

EAUX THERMALES

PAR

Louis FLICHE

Avocat à la Cour d'Appel

Docteur en Droit

Lauréat de la Faculté de Droit de Paris

PARIS

L. LAROSE ET FORCEL

Libraires-Editeurs

22, RUE SOUFFLOT, 22

1882

RÉGIME LÉGAL

DES

EAUX DE SOURCE

ET DES

EAUX THERMALES

RÉGIME LÉGAL

DES

EAUX DE SOURCE

ET DES

EAUX THERMALES

PAR

Louis FLICHE

Avocat à la Cour d'Appel

Docteur en Droit

Lauréat de la Faculté de Droit de Paris

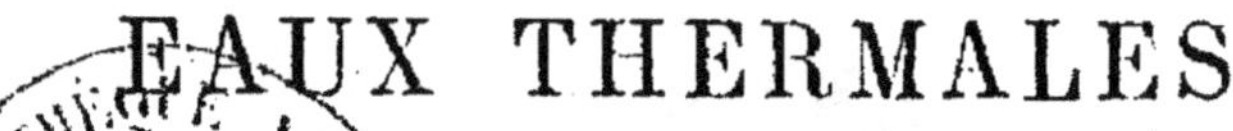

PARIS

L. LAROSE ET FORCEL

Libraires-Editeurs

22, RUE SOUFFLOT, 22

—

1882

RÉGIME LÉGAL

DES

EAUX DE SOURCE

ET DES EAUX THERMALES.

PRÉLIMINAIRES.

Un fonds peut recevoir des eaux de trois manières différentes : ou bien, c'est l'eau du ciel qui lui arrive, soit naturellement, soit au moyen de travaux, qui ont été faits pour en faciliter l'écoulement; ou bien c'est un filet d'eau plus ou moins considérable, fleuve ou ruisseau, qui traverse ou qui longe le fonds; ou bien enfin, c'est une eau qui jaillit du fonds lui-même et qui porte tout autour la fécondité et la richesse. De là pour le jurisconsulte trois sujets d'étude différents; les eaux pluviales, les eaux courantes et les eaux de source.

C'est à ces dernières que nous allons nous attacher exclusivement.

Le Code ne consacre aux eaux de source que quatre articles, les articles 640, 641, 642 et 643, au titre *Des servitudes;* et pourtant, si une matière est vaste et importante, c'est bien celle-là. L'utilité des eaux de source pour l'agriculture ; leur agrément dans les domaines ruraux, qu'elles enrichissent et qu'elles parent; leurs propriétés curatives, qui en font souvent un agent de guérison aussi sûr que rapide, suffisaient déjà pour attirer au plus haut degré l'attention du législateur. Mais, dans ces dernières années, ce sujet a pris une importance plus grande encore : depuis que nos grandes cités ont été chercher à des distances considérables les eaux claires et limpides, qui leur faisaient défaut, depuis que des travaux immenses, dignes de ces aqueducs, que la vieille Rome a légués à notre admiration, ont permis notamment d'alimenter Paris avec des eaux d'une fraîcheur incomparable, il y a plus que jamais un immense intérêt pour le jurisconsulte à rechercher quelle est la condition juridique des sources, quelles sont les charges qu'elles imposent, quels sont les droits qu'elles confèrent. C'est ce qui nous a donné l'idée de ce travail, où nous nous efforcerons de résumer, sous une forme aussi brève et aussi claire que possible, les nombreuses difficultés soulevées par la théorie des eaux de source.

CHAPITRE PREMIER.

Du droit de fouille.

————

Nous diviserons ce chapitre en trois sections : dans la première, nous verrons quelle est la nature et l'étendue du droit de fouille; dans la deuxième, nous étudierons les restrictions qui résultent de la volonté des parties, expresse ou présumée; dans la troisième, enfin, nous traiterons des restrictions apportées par la loi dans un intérêt général.

SECTION PREMIÈRE.

Nature et étendue du droit de fouille.

Il y a un principe qui domine tout le droit des sources, que nous aurons souvent à invoquer dans le cours de ce travail et qui nous permettra, dès le début, de résoudre la question des fouilles, c'est le principe consacré par l'article 552, et d'après lequel la propriété du sol emporte celle du dessus et du dessous. Si je suis maître du dessous, il en résulte que je puis y pratiquer toutes les fouilles qu'il me plaira. Le droit romain avait déjà admis cette conséquence.

Ainsi Ulpien s'occupe du cas où je creuse un puits dans mon fonds : il est possible qu'en le creusant, je coupe le filet d'eau qui alimente le puits de mon voisin; suis-je tenu, en prévision de ce cas, de la *cautio damni infecti?* Trébatius répondait négativement et Ulpien rapporte son opinion sans la contredire : « Ait Trebatius non teneri me « damni infecti neque enim existimari operis mei vitio « damnum tibi dari in eâ re, in quâ jure meo usus « sum (1). »

Pomponius n'était pas moins explicite : « Si in meo « aqua erumpat, quæ ex tuo fundo venas habeat; si eas « venas incideris, et ob id desierit ad me aqua perve- « nire, tu non videris vi fecisse, si nulla servitus mihi « eo nomine debita fuerit; nec interdicto quod vi aut « clam teneris (2). »

Toutefois, les règles sur le dol devaient tempérer dans une large mesure la rigueur de ces principes; c'est ce que semble bien indiquer Ulpien : « Denique Mar- « cellus scribit, cum eo, qui in suo fodiens vicini fon- « tem avertit, nihil posse agi : nec de dolo actionem, « et sane non debet habere si non animo vicino no- « cendi, sed suum agrum meliorem faciendi id fecit (3). » Par ces derniers mots, Ulpien corrige ce que la pensée de Marcellus avait de trop absolu, et il reconnaît bien qu'il y aurait lieu à action de dol si les fouilles avaient été faites « *animo nocendi,* » avec l'intention de nuire.

(1) Dig., XXXIX. 2. fr. 24. par. 12.
(2) Dig., XXXIX. 3. fr. 21.
(3) Dig., XXXIX. 3. fr. 1. par. 12.

L'ancien droit se montra fidèle à la tradition romaine, et Bretonnier, sur Henrys, résume en ces termes la doctrine généralement admise de son temps, et à laquelle notamment Cujas avait donné l'appui de sa haute autorité : « A l'égard de l'eau qui coule sous terre, il est « loisible au maître de l'héritage de fouiller dans sa « terre pour en prendre de l'eau, et s'en servir à tel « usage que bon lui semble, quoique cela fasse préju- « dice à son voisin; pourvu, toutefois, qu'il le fasse « pour son utilité et non dans le dessein et uniquement « pour nuire à son voisin (1). »

Nous retrouvons bien ici, comme dans le droit romain, un double élément : l'utilité pour celui qui pratique la fouille et l'absence de mauvais dessein vis-à-vis du fonds voisin.

Si nous nous demandons maintenant quelle est la solution adoptée par le droit actuel, nous nous trouvons en présence de trois systèmes : le premier soutient que tout propriétaire a le droit de fouille dans son sol, qu'il peut l'exercer comme il l'entend, même avec l'intention de nuire. S'il capte, par ses travaux, la source du voisin, peu importe, c'est une conséquence du droit de propriété; chacun est maître chez soi. Un second système, développé avec beaucoup de force par Proudhon, se rattache à la tradition romaine; il n'admet pas qu'un propriétaire puisse mal user de sa propriété; on réprime bien les dissipations du prodigue, pourquoi ne réprimerait-on pas les abus que le premier système encourage? Il y a là une question de bonne foi et de justice; toute la doctrine de Proudhon peut se résumer

____

(1) Bretonnier sur Henrys, L. IV, quest. 189.

dans cette ligne : « On ne doit jamais favoriser la mal-
« veillance ni en supporter les effets (1). »

Dans un troisième système, on résout la question par
une distinction, c'est celui de M. Hennequin : « Si le
« propriétaire, dit-il, détruit méchamment et unique-
« ment pour nuire une source qui prend naissance dans
« son propre fonds, on ne pourra rien lui dire; car,
« dans ce cas, il n'aura fait qu'user de son droit; si,
« au contraire, il coupe un courant souterrain qui tra-
« versait son héritage avant de se rendre dans celui du
« voisin, il n'aura plus agi, à proprement parler, en
« sa qualité de propriétaire, et la maxime *malitiis non
« est indulgendum* reprendra tout son empire (2). »

Écartons d'abord ce dernier système; la distinction
sur laquelle il repose n'a aucun fondement légal; elle
peut être ingénieuse, mais c'est là une théorie indivi-
duelle qui ne mérite pas de nous arrêter. La discussion
se restreint donc aux deux autres systèmes; nous n'hésitons pas, pour notre part, à nous ranger au premier.
L'article 552 est formel, il ne se contente pas de poser
le principe que la propriété du sol entraîne la propriété
du dessous; il ajoute : « Le propriétaire peut faire au-
« dessous toutes les constructions et fouilles qu'il jugera
« à propos, et tirer de ces fouilles tous les produits
« qu'elles peuvent fournir, sauf les modifications résul-
« tant des lois et règlements relatifs aux mines, et des
« lois et règlements de police. »

Quand nous sommes en présence de termes aussi pré-
cis, ce n'est pas avec des considérations d'équité qu'on

(1) Proudhon, *Domaine public.*
(2) Hennequin, *Législation et jurisprudence*, t. I, p. 463.

peut en restreindre le sens; il faudrait des arguments juridiques, que nous ne trouvons pas chez les partisans du système contraire.

L'article 552 pourra avoir des conséquences regrettables, il est peut-être à modifier, mais il existe et rien ne nous permet d'en diminuer la portée. C'est, du reste, la doctrine presque unanimement suivie aujourd'hui; les auteurs et les tribunaux sont d'accord sur ce point [1].

Ainsi, notre droit ne tient aucun compte du dommage causé à la source du voisin; il ne tient pas même compte de l'*animus nocendi*. Mais il ne faut pourtant pas croire que le droit de fouille du propriétaire du sol soit toujours sans limites; la loi admet deux ordres de restrictions, les unes dérivant de la volonté des parties expresse ou présumée, les autres établies par la loi elle-même; ce sont ces restrictions que nous allons maintenant étudier.

SECTION II.

Restrictions dérivant de la volonté des parties.

Quand une personne a un droit, si ce droit n'est pas d'ordre public, elle peut toujours y renoncer ou le limiter. Il en sera du droit de fouille comme des autres droits : le propriétaire est parfaitement libre d'y renon-

(1) Voir notamment : Nadault de Buffon, *Traité des eaux de source,* ch. I, sect. 3, § 1. — Demolombe, *Des servitudes,* t. I, n° 92. — Aubry et Rau, 4ᵉ édit., s. 244. — Cass., 29 novembre 1830. S., 31. 1. 110; Cass., 25 janvier 1835. S., 35. 1. 957; Cass., 26 juillet 1836. S., 36. 1. 819.

cer, en constituant sur son fonds une servitude *non fo-diendi*. Jusqu'ici, pas de difficulté : c'est l'application des principes généraux du droit, mais, si de la théorie nous passons à la pratique, nous nous trouverons souvent en présence de questions fort délicates, et il faudra distinguer soigneusement entre la servitude *non fodiendi* et l'aliénation des eaux souterraines.

Cette distinction est très-importante à faire. Si, en effet, je constitue, en termes généraux, une servitude *non fodiendi* sur mon fonds, il en résulte que je m'interdis toutes fouilles, alors même que leur innocuité serait évidente; le fait seul de creuser et de créer par là un danger éventuel, si éloigné et si peu probable soit-il, pour les fonds voisins, me met en faute. La prohibition qui pèse sur mon fonds est générale et absolue.

Si, au contraire, j'ai vendu les eaux souterraines qui se trouvent dans mon fonds, sans constituer de servitude *non fodiendi*, ma responsabilité ne commence que le jour où je porte atteinte à ces eaux souterraines. Jusquelà, je peux creuser tant qu'il me plaît, c'est à mes risques et périls; je m'en repentirai peut-être un jour, mais en attendant, personne n'a rien à me dire : je suis maître chez moi, j'agis comme bon me semble.

Examinons donc la question à ce double point de vue.

Sur la servitude *non fodiendi*, nous n'avons que peu de chose à dire; c'est une servitude continue, non apparente, par conséquent elle ne peut s'établir que par titre, sauf l'exception que l'article 691 autorise pour les servitudes déjà acquises par prescription avant le Code, dans les pays où ce mode d'acquisition était admis.

La seconde hypothèse est beaucoup plus délicate; il s'agit ici de l'aliénation des eaux souterraines. Cette aliénation peut être principale; une personne a une source dans un fonds voisin, elle veut se prémunir contre une captation, et moi, de mon côté, je ne veux pas constituer sur mon fonds une charge aussi onéreuse que la servitude *non fodiendi;* je lui vends les courants souterrains qui se trouvent dans mon fonds et qui alimentent sa source. Elle peut être aussi accessoire. J'ai un fonds, j'en vends la moitié à un tiers, une source se trouve dans cette moitié, je peux lui vendre en même temps la partie de la source qui se trouverait dans mon sol. Ces principes ont été posés avec la plus grande netteté par un arrêt de cassation; voici dans quelles circonstances : Deux prairies, qui dépendaient, au milieu du xiii° siècle, du prieuré de Rives, la prairie du Pontet et la prairie du Bournet, contenaient chacune une source. La prairie du Pontet fut vendue, à cette époque, à un sieur Martinon, puis, à la suite de difficultés qui s'étaient élevées sur l'exécution du contrat, une transaction intervint, le 26 octobre 1656, par laquelle Martinon rétrocédait au prieuré le pré du Pontet contre d'autres fonds, mais retenait la propriété de la source; de son côté, le prieur s'interdisait tous travaux qui eussent pu amoindrir ladite source. Les successeurs du prieur de Rives n'en pratiquèrent pas moins une série de fouilles, jusqu'au jour où le successeur actuel, la dame Primard, vendit la source du Bournet à la commune de Rives. Les travaux, faits pour recueillir ces eaux, amenèrent le tarissement complet de la source du Pontet. De là une contestation entre la dame Primard et les héritiers Martinon. Le prieur de Rives, disait la première, a constitué sur son fonds une servitude *non fodiendi;* mes auteurs ayant pratiqué des fouilles sur le fonds pendant plus de trente ans, la servitude s'est éteinte par le non-usage. A cela les héritiers Martinon répliquaient : Le prieur de Rives n'a pas constitué de servitude *non fodiendi*, et vos auteurs pouvaient pratiquer toutes les fouilles imaginables, sans que nous eussions à intervenir. L'effet de la transaction de 1656 a été de nous céder la propriété de vos eaux souterraines qui alimentent la source du Pontet; cette propriété, vos travaux tendent à nous la ravir, et c'est pour cela que nous réclamons. Repoussée par le tribunal de Saint-Marcellin, la prétention des héritiers Martinon fut admise par la Cour de Grenoble, le 5 mars 1862, et par la Cour de cassation, dans un arrêt fortement motivé du 13 juin 1865. Cet arrêt posa, avec beaucoup de précision, la distinction qui doit être faite entre la constitution d'une servitude *non fodiendi* et l'aliénation des veines souterraines, et il en déduisit les conséquences que nous avons indiquées plus haut [1].

Ces principes sont certains, mais que déciderons-nous si le contrat est muet : je vous vends une source, ou bien je vous vends un fonds où se trouve une source, puis à côté je pratique des fouilles qui la tarissent; mon acheteur peut-il m'objecter que j'avais renoncé tacitement au droit de fouille? Non, je ne pourrais y avoir renoncé qu'en constituant une servitude *non fodiendi*, et la constitution des servitudes ne se présume jamais. Ai-je aliéné les eaux souterraines de mon fonds? Question d'interprétation de titre; mais je suppose que rien dans le titre ne révèle mon intention, est-ce que l'acheteur sera complètement désarmé? Telle est la question qui mérite un sérieux examen.

[1] Sirey, 1865. 1. 309.

Si je prends le premier cas, la vente de la source, il n'y a pas de difficulté possible; mon acheteur pourra invoquer contre moi les règles de la vente : je suis tenu de lui assurer la possession paisible de la chose vendue; si, par les travaux que j'entreprends, je taris ou j'amoindris la source, il pourra évidemment m'en demander compte.

Dans le second cas, où l'aliénation porte non pas sur la source spécialement, mais sur un fonds où se trouve la source, les mêmes principes devront être appliqués. Je dois garantie; si par mes travaux je détruis la source, il n'y a plus comme tout à l'heure une éviction totale, mais une simple éviction partielle, ma responsabilité sera moins gravement engagée, mais elle le sera.

Tout ceci en droit est incontestable, seulement il y aura des cas où la question de fait présentera de grosses difficultés : j'ai de nombreuses propriétés, je pratique des fouilles dans un terrain très-éloigné du fonds vendu, la source tarit, y a-t-il relation entre les travaux et le tarissement? Il y aura lieu à des expertises longues, difficiles et coûteuses, pour arriver à un résultat quelquefois bien incertain. N'oublions pas que cette incertitude devra bénéficier au vendeur : pour qu'on puisse invoquer contre lui la garantie, il faut prouver l'éviction, et cette preuve incombe à l'acheteur. N'oublions pas en outre que les règles sur la garantie n'aboutiront jamais à l'interdiction du droit de fouille, mais simplement à la réparation de l'éviction.

Si nous prenons maintenant l'hypothèse inverse, celle où, propriétaire d'un fonds qui renferme une source, j'aliène un fonds contigu, il est bien évident que toute action me sera refusée, si l'acquéreur entreprend sur son fonds des travaux dommageables pour ma source ; je ne puis même plus avoir recours à la garantie.

Remarquons enfin que, dans le cas de partage, les règles sur la garantie seront aussi applicables aux sources qui se trouvent dans les fonds partagés, et elles pourront donner lieu aux mêmes difficultés pratiques.

SECTION III.

Restrictions apportées au droit de fouille dans un intérêt général.

Nous rencontrons dans notre droit trois restrictions de ce genre.

La première est fondée sur les anciennes ordonnances rendues pour assurer la conservation des eaux nécessaires à l'alimentation de Paris, de Montpellier et de Rouen ; elle ne présente aucun intérêt ; nous ne nous y arrêterons donc pas.

Les deux autres sont beaucoup plus importantes, elles ont trait aux mines et aux eaux thermales, et elles méritent une étude attentive.

Nous aurons enfin à nous demander s'il existe, comme semble l'indiquer la jurisprudence administrative, une quatrième et dernière exception en matière de travaux publics.

I. — Du droit de fouille par rapport aux concessions de mines.

C'est là une question pleine de difficultés et, pour les résoudre, il importe de distinguer deux hypothèses, celle

où la mine n'a pas été concédée au propriétaire de la surface et celle où la propriété de la mine et la propriété de
la surface se trouvent dans les mêmes mains.

Première hypothèse. — *La mine n'a pas été concédée
au propriétaire de la surface.* — Il est possible que les
travaux de la mine amènent le dessèchement d'une ou
de plusieurs sources; le concessionnaire de la mine en
sera-t-il responsable? Tout roule sur l'interprétation qu'il
convient de donner à l'article 15 de la loi de 1810 sur
les mines. Cet article est ainsi conçu :

« Il (le concessionnaire) doit aussi, le cas arrivant de
« travaux à faire sous des maisons ou lieux d'habitation,
« sous d'autres exploitations ou dans leur voisinage im-
« médiat, donner caution de payer toute indemnité en
« cas d'accident. »

En présence des termes de l'article 15, la jurisprudence
française a déclaré que la question devait se résoudre
par une distinction. Les travaux de la mine ont-ils porté
dommage à une source jaillissant du sol immédiatement
supérieur à ces travaux, il faut appliquer l'article 15 et
admettre la responsabilité du concessionnaire de mines [1].
Dans le cas, au contraire, où la source se trouve dans
une propriété voisine, quelque proche qu'elle soit des
travaux, la jurisprudence n'hésite pas à proclamer que
le concessionnaire n'est pas responsable du dommage
causé [2]. Cette distinction a été reproduite avec beaucoup
de force dans un arrêt récent de la Cour de Nîmes. Elle
commence par établir le premier point en l'appuyant sur
l'article 15 de la loi de 1810, puis, arrivant au second :

(1) Voir notamment : Cass., 8 juin 1869. S., 69. 1. 413.
(2) Cass., 12 août 1872. S., 72. 1. 353.

« Attendu, dit-elle, qu'il en est tout autrement lorsque,
« entre le fonds sur lequel les travaux sont exécutés et la
« surface où existe la source ou le puits, il n'y a aucune
« corrélation ; que dans ce cas, ces eaux ne sont, d'après
« le droit commun, pour le propriétaire, qu'un avantage
« accidentel, dont il peut être privé par les fouilles
« pratiquées dans la propriété voisine; que la concession
« de la mine ne doit pas améliorer la situation du pro-
« priétaire de la surface et lui donner sur les eaux qui
« y viennent, en passant par le fonds voisin, un droit
« plus étendu que celui qu'il avait avant la concession;

« Attendu, il est vrai, que le voisinage d'une mine
« peut être plus incommode que celui d'une propriété or-
« dinaire, mais qu'il appartient au législateur et non au
« juge de prendre cette circonstance en considération (1). »

La Cour de Dijon a poussé l'application de ce principe
jusqu'à ses dernières conséquences. Il s'agissait de travaux effectués dans une mine et qui avaient tari le puits
du superficiaire d'une mine limitrophe. La Cour de Dijon a
déclaré que le concessionnaire n'était pas responsable, et
pourtant il y avait ces circonstances toutes spéciales que
le concessionnaire avait percé des galeries anticipant sur
la mine limitrophe, et qu'en raison de la solidarité du
régime des eaux des deux mines, qui communiquent
entre elles, la concession limitrophe profitait des travaux
d'épuisement exécutés dans l'intérêt des deux exploitations (2).

La jurisprudence belge s'est prononcée en sens contraire, et elle prétend que le concessionnaire est respon-

(1) Nîmes, 27 fév. 1878. S., 78. 2. 268.
(2) Dijon, 18 fév. 1879. S., 79. 2. 171.

sable, toutes les fois que la source, à laquelle les travaux ont nui, se trouve dans le voisinage de la mine. Elle s'appuie sur le texte de l'article 15 invoqué en sens contraire par la jurisprudence française. Il faut, disent les tribunaux belges, le prendre en son entier, il ne parle pas seulement du sol immédiatement superposé aux travaux, mais encore du voisinage; c'est là un terme fort explicite et qu'il n'est pas permis de négliger, surtout quand on le rapproche des paroles prononcées par Napoléon, lors de la discussion de la loi : « Pour prévenir, « disait l'Empereur, toute entreprise nuisible aux voisins, « on pourrait astreindre les exploitants à donner caution « des dommages, que leur entreprise peut occasionner, « toutes les fois qu'un propriétaire voisin craindrait que « les fouilles ne vinssent ébranler le fondement de ses « édifices, tarir les eaux dont il a usage, ou lui causer « quelque tort. »

On ajoute que l'arrêté de 1810, rendu pour compléter la loi, est conçu dans les mêmes termes (1). Messieurs Demolombe et Carel se sont prononcés dans le même sens au cours d'une savante dissertation sur laquelle nous reviendrons tout à l'heure (2).

Pour nous, il nous semble que les tribunaux français et belges n'ont pas placé la question sur son véritable terrain, et que l'article 15 de la loi de 1810, invoqué de part et d'autre, n'est pas applicable ici. En effet, quel est le point à résoudre? Il s'agit de savoir si un concessionnaire est responsable des dommages causés aux

(1) Bruxelles, 30 janvier 1871, et Cour de cass. belge, 30 mai 1872, S., 74. 2. 131.

(2) S., 1874. 2. 130.

sources par ses travaux. L'article 15 se place à un tout autre point de vue ; il oblige le concessionnaire à donner caution, dans certains cas déterminés limitativement ; et quels sont ces cas ? Le cas de travaux sous des maisons, lieux d'habitation ou autres exploitations. Mais la source n'est pas un lieu d'habitation ou d'exploitation, et le lieu même où elle jaillit ne rentre généralement pas dans ces termes ; dès lors qu'on ne nous parle pas de l'article 15, il règle une hypothèse spéciale et est complètement étranger à la question que nous discutons en ce moment. Ce n'est pas d'après l'article 15, mais d'après les principes généraux du droit, qu'il convient de la résoudre ; or, en nous plaçant à ce point de vue, nous irons encore plus loin que la jurisprudence belge, et nous dirons que le concessionnaire d'une mine est responsable de tous dommages causés à une source, en quelque lieu qu'elle soit située, pourvu qu'il soit prouvé que ce dommage résulte de ses travaux.

La loi de 1810 a détaché complètement la mine du sol qui l'environne, elle en a fait une propriété toute spéciale au profit du concessionnaire, propriété parfaitement distincte du dessus. C'est ce qui résulte de l'article 7 de la loi, quand, parlant de l'acte de concession, il dit : « Il « donne la propriété perpétuelle de la mine laquelle est « dès lors disponible et transmissible comme tous autres « biens. » Par suite le concessionnaire de la mine peut exploiter sa propriété comme il l'entend ; mais si par là il cause des dommages, il en sera responsable, conformément à l'article 1382 du Code civil. L'obligation de réparer le dommage causé est générale, rien ne la limite, et l'article 15, comme nous l'avons déjà remarqué, ne saurait y porter atteinte : il renforce cette obligation, dans certains cas, en y joignant une caution, bien loin de la diminuer en quoi que ce soit. Et maintenant, y aurait-il un motif général, en ce qui touche les sources, pour la restreindre? Nullement; l'article 552 ne saurait être invoqué ici, puisqu'il ne s'agit pas du propriétaire du sol, mais du concessionnaire de la mine, propriété parfaitement distincte du sol, ainsi que nous l'avons constaté. Et alors pourquoi distinguer entre le cas de superposition de la source et le cas où elle est située dans un héritage voisin? Pourquoi apporter dans ce dernier cas une restriction à la règle générale que tout homme, qui, par son fait, cause un dommage à autrui, est tenu de le réparer. Nous avions donc raison de dire qu'il fallait généraliser la décision de la jurisprudence belge; les principes l'exigent.

Deuxième hypothèse. — Le concessionnaire de la mine et le propriétaire du sol supérieur ne font qu'un. Dans ce cas, il faut supposer nécessairement que la source se trouve dans un héritage, qui n'est pas superposé à la mine et alors, à première vue, la solution semble bien simple; il n'y a, dira-t-on, qu'à appliquer l'article 552; le propriétaire du sol peut y pratiquer toutes les fouilles qu'il lui plaît, par conséquent peu importe que ces fouilles aient eu pour but l'exploitation d'une mine, l'article 552 est général... Cette argumentation est spécieuse, elle a séduit la jurisprudence et la Cour de Nîmes l'a consacrée dans un arrêt du 14 janvier 1873 confirmant un jugement du tribunal d'Alais. Ces décisions ont soulevé de vives protestations dans la doctrine. Notre savant maître, M. Labbé, en a montré les périls dans une note publiée sous l'arrêt de la Cour de Nîmes. Déjà MM. Demolombe et Carel avaient donné contre le jugement d'Alais une longue et savante dissertation dont voici l'analyse [1].

La propriété de la mine, disent-ils, reste toujours distincte, alors même qu'elle se trouve entre les mains du propriétaire du sol ; c'est ce qui résulte de l'article 19 de la loi de 1810, ainsi conçu : « Du moment où une mine « sera concédée, même au propriétaire de la surface, « cette propriété sera distinguée de celle de la surface « et désormais considérée comme propriété nouvelle, sur « laquelle de nouvelles hypothèques pourront être assises, « sans préjudice de celles qui auraient été ou seraient « prises sur la surface et la redevance. »

Dès lors l'article 552, applicable si les fouilles sont faites à la surface, ne le sera plus, dès qu'elles se confondront avec les travaux de la mine ; peu importe que le propriétaire du dessus et le propriétaire de la mine ne soient qu'une seule et même personne : « C'est ici, concluent les « deux éminents jurisconsultes, que le premier juge a con- « fondu deux droits, qui se superposent, mais qui ne se « mêlent pas ; le droit de propriété de la surface qui est « souverain et dont l'exercice n'entraîne aucune respon- « sabilité ; le droit de la concession, qui est limité, et « dont l'exercice entraîne toujours avec lui l'obligation « de réparer le dommage, qui en est la conséquence. « Sans doute, si la compagnie avait agi comme proprié- « taire de la surface, et en dehors de l'exploitation de « la mine, pour se procurer une source, elle serait inatta- « quable, mais elle a agi comme concessionnaire et elle « est tenue....... la juxtaposition de deux droits, d'ori-

(1) Voir la note de M. Labbé et la consultation de MM. Demolombe et Carel, dans Sirey, 1874. 2. 129.

« gine diverse et de caractère distinct, ne peut donner au
« moindre l'étendue du premier. »

Ces principes sont éminemment juridiques et nous
n'hésitons pas à les adopter; en résumé, quelles que
soient les circonstances, nous admettons la responsabilité du concessionnaire de la mine et nous ne lui reconnaissons pas le droit d'invoquer les dispositions si
périlleuses de l'article 552.

La personne lésée, nous venons de le voir, peut demander aux tribunaux la réparation du préjudice causé,
mais ce préjudice, ne peut-elle l'empêcher? A côté du
remède, n'y a-t-il pas, au moins dans certains cas, des
moyens préventifs? On a essayé de le soutenir. L'article 50 de la loi de 1810 investit en effet les préfets
d'un droit de surveillance sur les mines et les charge
de prendre toutes les mesures nécessaires dans l'intérêt
des personnes et des choses. N'y a-t-il pas là un moyen
de protéger les sources contre des travaux dangereux,
au moins quand l'intérêt général exigeait leur conservation, par exemple, quand elles servaient à alimenter
d'eau les communes? Le Conseil d'État s'est toujours
refusé à l'admettre; et le Conseil général des mines ne
s'est pas montré plus favorable à cette prétention. Ces
deux assemblées ont déclaré qu'il ne résultait ni du
texte de la loi, ni du décret du 3 janvier 1813 que l'administration eût à se préoccuper de la protection des
sources, quel que fût l'intérêt attaché à leur conservation. Si un préjudice est causé, c'est à l'autorité judiciaire à en connaître, mais il n'y a pas moyen de prévenir le mal (1).

(1) Depuis que ces lignes sont écrites, une loi du 28 juillet 1880 est

II. — Du droit de fouille et des eaux thermales.

L'intérêt qui s'attache à la conservation des eaux thermales ne saurait être contesté. Et pourtant le législateur, qui s'est occupé à diverses reprises de les réglementer, qui a imposé d'assez lourdes charges aux propriétaires de ces sources, a été longtemps sans songer à les protéger au moins d'une façon générale.

Ce n'est que dans des cas isolés, et presque toujours antérieurement à la Révolution, que l'autorité publique avait cru pouvoir protéger certains établissements thermaux contre les fouilles imprudentes des propriétaires voisins. Ainsi, le 29 janvier 1715, un arrêt du Conseil, rendu sur évocation d'un procès pendant devant le Parlement de Toulouse, interdit à un sieur Mauron de faire des creux, des fossés, ni aucun autre ouvrage qui puisse détourner ou rompre le cours des eaux des bains de Balaruc, dans le diocèse de Montpellier. Deux nouveaux arrêts, du 14 décembre 1715 et du 11 mars 1783, confirmèrent le précédent et l'étendirent à tous autres

venue compléter cette lacune et elle a modifié de la façon suivante l'article 50 de la loi de 1810 : « Si les travaux de recherche ou d'ex-« ploitation d'une mine sont de nature à compromettre la sécurité pu-« blique, la conservation de la mine, la sûreté des ouvriers mineurs, « la conservation des voies de communication, celle des eaux miné-« rales, la solidité des habitations, l'usage des sources qui alimentent « des villes, villages, hameaux et établissements publics, il y sera « pourvu par le préfet. » Ainsi la protection du préfet s'étend à deux hypothèses qui nous intéressent, celle où la source serait thermale, et celle où elle alimenterait d'eau une communauté d'habitants ou un établissement public. Mais les sources des particuliers restent soumises au droit commun et ne peuvent réclamer aucune protection préventive.

que le sieur Mauron. Un décret du 7 octobre 1807 leur a conservé ce caractère [1].

De même pour la source de Barèges, à laquelle un arrêt du Conseil, du 6 mars 1732, créa un périmètre de protection. Cet arrêt du Conseil fut déclaré exécutoire par un décret du 30 prairial an XII, qui en renouvela toutes les prescriptions.

Enfin deux ordonnances, du 13 mars 1810 et du 18 mai 1813 ont établi des servitudes analogues au profit des sources du Mont-Dore.

Mais encore une fois, ce n'étaient là que des mesures isolées : nous aurons occasion de parcourir plus loin les divers règlements de l'ancien régime, ainsi que la grande ordonnance de 1823, et nous constaterons que ces importants documents qui, dans l'intérêt de tous, imposent certaines entraves au droit du propriétaire de la source, ne se préoccupent pas des dommages qui pouvaient être apportés aux sources par des forages entrepris dans leur voisinage. Aussi en résultait-il de graves dangers. L'article 552 de notre Code permettant au propriétaire de pratiquer dans son terrain toutes les fouilles qu'il juge convenables, des sources dont les propriétés curatives sont inappréciables, qui attirent chaque année de France et de l'étranger un nombre considérable de malades, pouvaient se trouver taries du jour au lendemain. C'est surtout au début du règne de Louis-Philippe que le péril apparut, à la suite de la grande extension prise par les forages artésiens. Plusieurs de nos stations ther-

----

(1) Le Conseil d'État a décidé que le décret était resté en vigueur, même après la loi de 1856 dont il sera parlé plus loin. (Lebon, 1867, p. 318.)

males les plus suivies, entre autres Vichy et Cauterets,
se virent menacées; il y eut de grands intérêts lésés, et
la jurisprudence, en présence des textes si formels du
Code, se déclarait impuissante à y remédier. Le Gouvernement répondit à la préoccupation générale, en pré-
sentant un projet de loi pour prévenir le retour de tels
abus. Ce projet, modifié par la commission, revint devant la Chambre des pairs, à la séance du samedi 18
février 1837. Il était ainsi conçu :

« Art. 1er. Les sources d'eaux minérales, dont l'exploi-
« tation aura été régulièrement autorisée, pourront être
« déclarées d'utilité publique après une enquête dont les
« formes seront déterminées par un règlement d'admi-
« nistration publique.

« Art. 2. Tous travaux qui seraient de nature à sup-
« primer, détourner, ou altérer une source d'eau miné-
« rale, dont l'utilité publique aura été déclarée, pour-
« ront être interdits administrativement.

« Art. 3. La suspension des travaux pourra être provi-
« soirement ordonnée par le préfet; mais l'interdiction
« ne sera prononcée par lui qu'en conseil de préfecture,
« et après une information de *commodo* et *incommodo*,
« sauf le recours au ministre et, s'il y a lieu, au Conseil
« d'État, par la voie contentieuse.

« Art. 4. Lorsque l'interdiction des travaux aura été
« prononcée soit sur la demande du propriétaire de la
« source, soit d'office par l'administration, l'indemnité à
« laquelle cette interdiction pourra donner lieu, de la
« part du propriétaire, sera consentie à l'amiable ou ré-
« glée par les tribunaux (1). »

(1) *Moniteur* du 19 février 1837.

Le vote eut lieu à la séance du 21 février et la loi fut adoptée, presque sans discussion par 96 voix contre 2 [1].

La Chambre des députés devant laquelle elle arriva le 12 avril, ne l'accueillit pas sans protestations. MM. Auguis et Pelet de la Lozère réclamèrent, au nom du droit de propriété. Un autre membre, M. Colômès, mit en avant une idée que nous devons saisir au passage, car elle a été reprise depuis, et elle forme la base de notre législation actuelle, c'est celle du périmètre dans lequel aucune fouille ne pourrait être entreprise. L'amendement, combattu par Gay-Lussac, ne fut pas adopté. Le projet du Gouvernement ne fut du reste pas plus heureux, il fut rejeté dans son ensemble par 135 voix contre 127.

Les abus, que la loi de 1837 avait voulu prévenir se renouvelèrent alors plus nombreux et plus criants que jamais; on s'adressa de nouveau aux tribunaux; mais, comme par le passé, il se reconnurent impuissants.

C'est ainsi qu'en 1843 un sieur Brosson put pratiquer des fouilles à 100 mètres à peine de l'établissement thermal de Vichy, avec le but avoué de détourner les sources à son profit; le maire de Vichy prit un arrêté interdisant la continuation des travaux. Le sieur Brosson se refusa à l'exécution de l'arrêté, et, cité de ce chef devant le tribunal de police de Cusset, il fut acquitté. De là un pourvoi en Cassation du ministère public pour violation des anciens règlements sur les eaux thermales; mais la Cour suprême, après délibération en chambre du conseil, rejeta le pourvoi, sur les conclusions de l'avocat général Quénault, dans un arrêt qui résume en quelques mots très-nets la doctrine universellement admise.

(1) *Moniteur* du 22 février 1837.

« Attendu que les articles 544 et 552 du Code civil
« donnent au propriétaire la faculté de faire des recher-
« ches et des fouilles sur son propre fonds, sauf les modi-
« fications résultant des lois et règlements relatifs aux
« mines et des lois et règlements de police ;

« Attendu qu'aucune loi ne confie à l'autorité adminis-
« trative, ni à l'autorité municipale le pouvoir de faire
« des règlements tendant à interdire les fouilles et re-
« cherches dans les terrains voisins des eaux minérales.

« Que si quelques décrets et anciens règlements prohi-
« bent ces fouilles dans quelques localités, ils sont spé-
« cialement relatifs à certains établissements autres que
« celui de Vichy.

« Rejette [1]....... »

Cette jurisprudence, absolument inattaquable au point
de vue juridique, émut vivement l'opinion, et le Gouvernement se décida à présenter un nouveau projet en 1846.
La commission de la Chambre des pairs l'adopta et le
rapport fut déposé le 9 mai ; mais dans la discussion il
souleva les mêmes objections que celui de 1837, il n'alla
même pas jusqu'à la Chambre des députés, et fut rejeté
par 62 voix contre 57 [2].

En 1847, nouveau projet : « Le mal auquel il s'agit
« de pourvoir, disait le ministre dans son Exposé des
« motifs, est incontestable, et les réclamations, parve-
« nues au Gouvernement depuis la dernière session, en
« témoignant des vives inquiétudes des populations inté-
« ressées, s'accordent à signaler la nécessité de combler
« sans délai la lacune de notre législation. »

(1) Cass., 13 avril 1844. S., 44. 1. 664.
(2) *Moniteur* des 13, 17 et 19 mai 1846.

Le Gouvernement, dans le projet de 1847, revenait à l'idée du périmètre, qu'il avait combattue en 1837 et en 1846, et l'article fondamental de la loi, l'article 2, était ainsi conçu : « L'ordonnance royale, déclarative de l'uti- « lité publique, déterminera autour de la source un péri- « mètre, dans l'enceinte duquel le préfet pourra interdire « tous les travaux qui seraient de nature à en entraîner « le tarissement, le détournement, ou l'altération. En « dehors du périmètre, le préfet pourra seulement or- « donner la suspension de ces travaux [1]. »

La Révolution de 1848 survint avant que le projet n'eût été voté. Le Gouvernement provisoire voulut pour- voir au plus pressé et il rendit le décret du 10 mars 1848, ainsi conçu : « Aucun sondage, aucun travail souterrain « ne pourront être pratiqués sans l'autorisation préalable « du préfet du département, dans un périmètre de mille « mètres au moins de rayon autour de chacune des « sources d'eaux minérales, dont l'exploitation aura été « régulièrement autorisée. Cette autorisation ne sera dé- « livrée que sur l'avis de l'ingénieur des mines du dépar- « tement et du médecin inspecteur de l'établissement « thermal. »

Le décret du 10 mars 1848, comme l'a fort bien remarqué M. Nadault de Buffon, faisait, d'un seul coup, et de la manière la plus lourde pour la propriété, ce que, pendant une période de plus de dix années, de 1837 à 1847, le Gouvernement avait vainement demandé aux Chambres, en atténuant le principe protecteur de la prohibition des fouilles par tous les tempéraments de nature à le faire accueillir.

[1] *Moniteur* du 19 février 1847.

Aussi ce décret fut-il vivement attaqué, on en contesta même la légalité et un arrêt de la Cour suprême, du 4 décembre 1849, le considéra comme inexistant [1]. Cependant on en reconnut généralement l'utilité et d'autres arrêts en grand nombre n'hésitèrent pas à l'appliquer.

Le décret de 1848 est resté en vigueur jusqu'à la loi du 14 juillet 1856, qui régla définitivement la matière des eaux minérales. Nous allons étudier celles des dispositions de cette loi qui ont trait spécialement au droit de fouille. Son but était double; sur certains points elle atténue singulièrement la rigueur du décret; sur d'autres, au contraire, elle en comble les lacunes. C'est ce qu'établissait très-bien l'exposé des motifs, en disant : « Que le but de la loi nouvelle était de modifier les dis- « positions du décret de 1848, en ce qu'elles ont d'ex- « cessives, la servitude se trouvant établie au profit de « toutes les sources autorisées, lesquelles comprennent « un certain nombre de sources de peu d'importance « pour qui une semblable dérogation au droit commun « ne se comprend pas, et en ce sens encore que le rayon « de un kilomètre peut être trop étendu; de les modifier « en outre en ce qu'elles ont d'insuffisant, en y ajou- « tant l'indication d'autres travaux que ceux de son- « dage, travaux également reconnus nuisibles aux eaux « thermales, en donnant au Gouvernement la faculté « d'étendre le rayon de protection même au delà d'un « kilomètre qui, dans certains cas, comme pour Vichy « par exemple serait réellement insuffisant; de statuer « enfin sur les divers objets accessoires laissés de côté « par le décret de 1848. »

(1) Cass., 4 décembre 1849. S., 50. 1. 33.

La loi n'est applicable qu'aux sources qui ont été déclarées d'utilité publique (art. 1). — Aucune source n'a de droit un périmètre de protection, il faut que le périmètre soit créé par un décret rendu en Conseil d'État. De plus l'idée du périmètre fixe est abandonnée; c'est le décret qui le délimite, et de nouveaux décrets peuvent en modifier l'étendue (art. 2).

Ainsi périmètre variable, déterminé par l'administration, si le besoin s'en fait sentir, telle est la base de la loi. Voyons maintenant quels sont les actes interdits dans ce périmètre, en d'autres termes quelle est l'étendue de la servitude *non fodiendi* qui en résulte pour les fonds situés dans le périmètre. Le projet du Gouvernement était très-rigoureux; il proscrivait toute espèce de fouilles, même à ciel ouvert, même de simples tranchées; le Corps législatif amenda le projet, et l'article 3 ne prohibe que les sondages et travaux souterrains; encore une autorisation administrative peut-elle lever l'interdiction. A l'égard des fouilles, tranchées pour extraction de matériaux ou pour un autre objet, fondations de maisons, caves, ou autres travaux à ciel ouvert, le décret qui fixe le périmètre de protection peut exceptionnellement imposer aux propriétaires l'obligation de faire, au moins un mois à l'avance, une déclaration au préfet, qui en délivre récépissé. Ainsi pour les travaux de ce genre, pas d'interdiction, il suffit d'une simple déclaration.

Ces dispositions de l'article 3 de la loi de 1856 s'appliquent d'ailleurs non-seulement aux travaux nouveaux, mais à ceux qui ne seraient que la continuation de travaux entrepris avant l'établissement du périmètre de protection. Tel est l'avis donné par le Conseil général des mines et une décision récente du Conseil d'État l'a sanctionné [1].

Maintenant, supposons les travaux entrepris, soit en vertu d'une autorisation préfectorale dans le premier cas, soit après déclaration dans le second; le propriétaire du terrain a-t-il définitivement reconquis sa liberté? Non, le propriétaire de la source peut requérir l'interruption des travaux, et, si la demande est justifiée, le préfet doit prendre un arrêté en ce sens, non sans avoir préalablement entendu le propriétaire de la source. L'arrêté peut être attaqué devant le Conseil de préfecture et ensuite devant le Conseil d'État, mais il est toujours exécutoire par provision (art. 4).

Cette dernière règle est essentiellement limitative et ne doit s'appliquer que dans le cas d'arrêtés préfectoraux interdisant les travaux mentionnés par la loi. C'est ce qu'indique fort bien la décision suivante du Conseil d'État :

« L'article 4 de la loi du 14 juillet 1856 n'a ouvert un
« recours devant le Conseil de préfecture par la voie
« contentieuse que contre les arrêtés des préfets pronon-
« çant l'interdiction des travaux mentionnés dans ledit
« article et dans l'article précédent. En conséquence, l'ar-
« rêté par lequel le préfet a ordonné que des expériences
« auront lieu, par les soins de l'ingénieur ordinaire des
« mines commis à cet effet, pour constater si les travaux
« exécutés par un propriétaire dans le voisinage d'une
« source d'eau minérale ont eu pour effet d'altérer ou de
« diminuer cette source, arrêté qui se borne à prescrire
« une mesure d'instruction et ne porte aucune atteinte

(1) Cons. d'État, 15 déc. 1876. S., 79. 2. 27.

« aux droits du propriétaire, n'est pas de nature à faire
« l'objet d'un recours par la voie contentieuse, en vertu
« de l'article 4 précité, sauf au propriétaire, au cas où
« le préfet croirait pouvoir ultérieurement prononcer l'in-
« terdiction des travaux, à exercer tel recours et faire va-
« loir tous droits et moyens qu'il croira lui appartenir [1]. »

L'esprit de cette décision est excellent et on ne pourrait que l'appliquer à d'autres espèces analogues.

Tels sont les éléments de la servitude *non fodiendi*,
créée dans le périmètre de la source; la loi de 1856 a
fait plus et, rompant avec tous les précédents, elle a
supprimé le principe de l'indemnité préalable. On a bien
essayé de le contester dans une circonstance récente,
mais la Cour de Montpellier et la Cour de cassation ont
repoussé avec beaucoup de force cette doctrine aussi
insoutenable que neuve [2].

Pour légitimer le principe admis par la loi, on a invoqué les articles 619 et 650, ainsi que les lois spéciales
organisant des servitudes d'utilité publique, sans aucun
dédommagement pécuniaire pour le fonds servant [3].

(1) Cons. d'État, 5 déc. 1878. Dall., 79. 1. 145.

(2) Montpellier, 9 janv. 1878. Dall., 78. 2. 222. Cass., 30 janv. 1879.
Dall., 79. 1. 75.

(3) Cette exemption d'indemnité a soulevé d'assez vives critiques
lors de la discussion de la loi. M. Millet notamment à fait observer :
« Qu'avant tout on aurai. dû établir le principe de l'indemnité et char-
ger le jury d'expropriation de fixer celle à payer à raison des servitudes imposées. » Il ne conteste pas l'opportunité des servitudes que
le projet de loi a pour objet de consacrer, ce qu'il conteste, c'est qu'on
puisse les établir sans indemniser les propriétaires du sol. Le jury
chargé d'en fixer le chiffre tiendrait compte des avantages résultant
du voisinage de l'établissement thermal. Ces avantages pourraient
bien quelquefois, dans une certaine proportion, compenser les charges

La vigilance de l'État ne s'arrête pas là; il étend sa surveillance même en dehors du périmètre, mais, en cas d'urgence, et provisoirement. Le préfet peut toujours, sur la demande du propriétaire de la source, ordonner la suspension provisoire des travaux souterrains ou de sondage, entrepris en dehors du périmètre, lorsqu'ils sont de nature à altérer la source. Seulement il faut que, dans le délai de six mois, il soit statué sur l'extension du périmètre, faute de quoi les travaux pourront être repris (art. 5).

L'article 6 étend cette disposition au cas où aucun périmètre n'a encore été assigné à la source, mais il faut qu'elle ait été déclarée d'intérêt public.

L'article 7 renferme une atteinte bien plus grave apportée aux droits des propriétaires voisins de la source. Il décide que, à l'intérieur du périmètre de protection, le propriétaire d'une source déclarée d'intérêt public a le droit de faire dans le terrain d'autrui, à l'exception des maisons d'habitation et des cours attenantes, tous les travaux de captage et d'aménagement nécessaires pour la conservation, la conduite et la distribution de cette

résultant de la servitude pour les propriétés limitrophes, mais non pour celles qui en sont plus éloignées.

Ces critiques n'étaient pas dénuées de fondement. Il faut distinguer, suivant nous, l'obligation pour le propriétaire du terrain de ne pas nuire à la source du voisin et la servitude *non fodiendi*. La première nous semble toute naturelle et nous souhaitons qu'elle soit étendue à toutes les sources. La seconde, au contraire, est une disposition d'exception. Nous concevons que la loi l'ait admise dans un intérêt aussi considérable que celui qui est attaché à la conservation des eaux thermales; mais rien ne l'obligeait à l'admettre gratuitement, sans aucune charge pour le propriétaire de la source. Les bénéfices qu'il réalise, sont assez considérables pour qu'il puisse payer la protection que la loi lui accorde.

source, lorsque les travaux ont été autorisés par un arrêté du ministre de l'agriculture, du commerce et des travaux publics. Le propriétaire du terrain est d'ailleurs entendu dans l'instruction, et l'article 10 lui accorde une indemnité pour le dommage qui lui a été causé.

L'article 13 donne une sanction aux dispositions que nous venons d'analyser. Il prononce une amende de 50 à 500 francs contre celui qui aura exécuté sans autorisation préalable ou sans déclaration les travaux mentionnés dans l'article 3. La même peine est prononcée contre celui qui aurait repris ces travaux interdits ou suspendus administrativement. L'article 14 punit d'une amende de 16 à 100 francs les infractions aux règlements d'administration publique prescrits par l'article 19. Les infractions peuvent être constatées, indépendamment des officiers de police judiciaire, par les ingénieurs des mines et les agents sous leurs ordres ayant le droit de verbaliser.

Quant à la juridiction compétente pour statuer, la loi ne s'explique pas; il faut en conclure que c'est la juridiction de droit commun et que les infractions de ce genre doivent être portées devant les tribunaux ordinaires. Le rôle de l'administration se réduit donc à mettre l'auteur des fouilles en demeure de les cesser; si elle va plus loin, elle excède son droit. C'est ce que le Conseil d'État a fort bien établi dans une décision du 14 janvier 1876. Un sieur Millet avait pratiqué, sans autorisation, des fouilles dans le périmètre de protection de l'établissement de Vichy, et le préfet de l'Allier avait pris un arrêté interdisant de continuer les travaux, par application de l'article 3 de la loi du 14 juillet 1856. Le sieur Millet se pourvut pour excès de pouvoir et le Conseil d'État annula l'arrêté du préfet : « Considérant, dit-il, que, si l'exécution par

« le sieur Millet de travaux pratiqués sans autorisation ni
« déclaration préalables constituait une contravention
« aux dispositions de l'article 3 de la loi du 14 juillet
« 1856, c atravention prévue et punie par l'article 13
« de la même loi, c'était à l'autorité judiciaire qu'il ap-
« partenait de la réprimer, en appliquant l'amende prévue
« par ledit article de loi, et en statuant sur telles consé-
« quences que de droit, mais qu'en prescrivant la discon-
« tinuation des travaux, qui ne pouvait être ordonnée
« que par l'autorité judiciaire, le préfet de l'Allier a
« excédé la limite de ses pouvoirs, et que dès lors il y a
« lieu d'annuler son arrêté (1). »

Ajoutons en terminant qu'aux termes de l'article 19,
un règlement d'administration publique devait déterminer
les formes et les conditions de la déclaration d'utilité
publique, de la fixation du périmètre, de l'autorisation
préalable et des constatations faites par le préfet sur la
demande du propriétaire de la source. Ce décret a été
rendu à la date du 7 septembre 1856. Nous n'analyserons
pas ses dispositions très-détaillées : elles n'ont qu'un mé-
diocre intérêt doctrinal.

III. — Du droit de fouille en cas de travaux publics.

Quand l'État a de grands travaux à exécuter, les lois
administratives lui confèrent d'importantes prérogatives
que nous n'avons ni à étudier, ni à apprécier ici. Mais, en
face de ces prérogatives, la loi a toujours posé le principe
de l'indemnité due aux particuliers pour les dommages
qui leur seraient causés. Si, parmi ces dommages, figure

(1) S., 78. 2. 31.

la diminution ou la disparition totale des eaux qui alimentent une source, le particulier lésé aura-t-il droit à indemnité? La question présente de réelles difficultés, elle nécessite des distinctions et il convient de nous y arrêter un instant. La jurisprudence administrative est aussi favorable que possible aux réclamations des particuliers. Elle admet que, même dans le cas où l'État a pratiqué les fouilles sur son propre terrain, il doit indemnité. Voici dans quelles circonstances la difficulté avait été soulevée. En pratiquant des travaux à l'aide de la mine pour canaliser des sources destinées à l'établissement de Plombières, on avait diminué le débit d'une source appartenant à un sieur Dangé. Le Conseil de préfecture des Vosges lui avait accordé une indemnité et le ministre avait poursuivi l'annulation de cet arrêt par le motif que l'État, comme tout particulier, avait le droit de pratiquer des fouilles sur son propre terrain. Le Conseil d'État maintint l'arrêt attaqué, et voici le texte peu probant, il faut bien le dire, de la décision qui fut rendue à ce sujet : « Considérant qu'il résulte de l'instruction et « notamment du rapport ci-dessus visé de l'ingénieur en « chef des ponts et chaussées du 4 septembre 1868, que « les travaux exécutés par l'État, à l'aide de la mine, « pour capter et canaliser des sources destinées à l'éta- « blissement thermal de Plombières, ont eu pour effet de « diminuer le débit d'une source dont le sieur Dangé est « propriétaire, dans une proportion équivalant à la perte « complète de ladite source ; qu'il suit de là que c'est « avec raison que le Conseil de préfecture des Vosges a « alloué une indemnité audit sieur Dangé ; et qu'il est « établi qu'en fixant cette indemnité à 1,100 francs, le « dit Conseil a fait une juste appréciation tant du pré-

« judice causé que de la somme destinée à le réparer;

« Art. 1. Le recours ci-dessus visé de notre ministre « des travaux publics est rejeté [1]. »

Cette décision, quelque satisfaisante qu'elle soit en équité, ne nous semble pas justifiée en droit. Le Conseil d'État s'appuie sur la loi du 18 pluviôse, dont l'article 4 donne au Conseil de préfecture compétence pour statuer « sur les demandes et contestations concernant « les indemnités dues aux particuliers à raison des ter- « rains pris ou fouillés pour la confection des chemins, « canaux, ou autres ouvrages publics. » Mais ce n'est là qu'une loi de compétence, le fondement de l'indemnité est ailleurs, il est dans le droit commun, dans l'article 1382, qui ne veut pas qu'on puisse causer du tort à autrui sans le réparer. Or, en matière de fouilles, la loi a apporté une grave dérogation au droit commun, elle a décidé que tout propriétaire avait dans son fonds un droit absolu de fouille; ce principe domine toutes les questions de compétence, peu importe que ce soit la juridiction ordinaire ou la juridiction administrative qui statue, il s'impose à l'une comme à l'autre. Nous devons donc rigoureusement en conclure que si l'État, en pratiquant des fouilles sur son propre fonds, tarit des sources, il ne doit pas plus d'indemnité que s'il s'agissait d'un simple particulier. Et il en sera de même si les fouilles sont pratiquées par un département ou par une commune. C'est toujours le même principe qu'il convient d'appliquer.

La question change d'aspect dès que l'État, le département ou la commune pratiquent les fouilles non sur

<hr>

[1] Conseil d'État, 19 décembre 1868. Lebon, 68, p. 1071.

leur propre fonds, mais sur le fonds d'autrui. Ici, nous ne pouvons que nous rallier à une décision toute récente et très-remarquable du Conseil d'État. Nous allons en rapporter les termes et nous l'analyserons ensuite avec le soin qu'elle mérite; nous y trouverons indiqués les véritables principes en pareille matière.

Il y a plus de dix ans, la ville de Paris, dans ses travaux de dérivation des eaux de la Vanne, avait été amenée à faire des fouilles sous un chemin vicinal. Ces fouilles eurent pour résultat de faire baisser la nappe d'eau qui alimentait les puits de la commune de Theil. Un des propriétaires lésés poursuivit la ville de Paris. Le Conseil de préfecture de l'Yonne lui refusa tout droit à indemnité, mais le Conseil d'État a annulé l'arrêté du Conseil de préfecture, en se fondant sur les motifs suivants :

« Considérant qu'il résulte de l'instruction que la ville « de Paris, autorisée par arrêté du préfet de l'Yonne, « en date du 9 juin 1869, à exécuter sous le chemin « vicinal n° 27 une conduite destinée à recevoir les eaux « de la Vanne, a établi en outre une rigole accessoire « destinée à produire un drainage des terrains traver- « sés et à recueillir les eaux intérieures; que ce dernier « travail a eu pour effet de faire baisser la nappe d'eau « qui alimente le puits du sieur Régnier, riverain du « dit chemin; que, dans ces circonstances, le requérant « est fondé à demander la réparation du dommage qui « lui a été causé, et qu'il sera fait une juste apprécia- « tion dudit dommage en condamnant la ville de Paris « à payer au sieur Régnier une somme de 894 fr. à « titre d'indemnité; décide (1)..... »

Ainsi, il s'agissait de fouilles pratiquées par la ville

(1) Conseil d'Etat. Décision encore inédite du 22 juillet 1881.

de Paris sous un chemin vicinal, sur lequel elle n'a-
vait de droits que ceux qui lui avaient été concédés, et
on décide avec beaucoup de raison que les propriétaires
lésés ont droit à indemnité. Mais y ont-ils droit d'une
façon absolue? Non. Ils y ont droit parce que la ville de
Paris, en faisant les fouilles, avait dépassé les limites
de la concession qui lui avait été faite par l'arrêté du
préfet, sous l'autorité duquel se trouvent placés les chemins vicinaux. Elle devait simplement établir l'aqueduc
destiné à conduire à Paris les eaux de la Vanne, mais
elle a en outre, en dehors des termes de l'arrêté préfectoral, effectué un drainage, et c'est précisément ce
drainage qui a amené l'abaissement de la nappe d'eau.
D'où il semble bien résulter, par *a contrario*, que si
l'arrêté préfectoral avait autorisé le drainage, les propriétaires lésés n'auraient eu qu'à s'incliner. En effet,
le maître du fonds, qui a le droit de fouille, peut évidemment le concéder en tout ou en partie, et il en résulte
que, pour savoir dans quelle mesure l'État, les départements ou les communes ont le droit de fouille, dans
quelle mesure, par conséquent, ils sont tenus à indemnité, il faut s'en rapporter au titre de concession, au
titre en vertu duquel les fouilles ont été pratiquées. Et,
pour résumer en deux mots notre opinion sur cette
question des fouilles en matière de travaux publics, nous
dirons : Si l'État, le département ou la commune font
des fouilles sur leur propre terrain, ils ne sont jamais
responsables du dommage que ces fouilles ont pu causer aux sources du voisin. Si, au contraire, ils font les
fouilles sur le terrain d'autrui, ils seront responsables
toutes les fois qu'ils excèderont le droit qui leur a été
concédé par le titre légal ou conventionnel, en vertu
duquel les fouilles ont été faites.

CHAPITRE II.

De la propriété des eaux de source.

Les sources sont ou naturelles ou artificielles. Elles sont naturelles, quand elles jaillissent du sol, sans que la main de l'homme soit obligée d'intervenir. Elles sont artificielles dans le cas contraire.

Les sources artificielles peuvent se ramener à deux types différents; les unes sont obtenues par un sondage, poussé jusqu'au point où se rencontre une veine souterraine, qui immédiatement remonte à la surface, et jaillit quelquefois bien au-dessus du sol; les autres sont formées par le drainage pratiqué sur un terrain en pente, à la partie inférieure duquel se forme un dépôt d'eaux pluviales, qui, après un écoulement souterrain, sortent du sol.

Que les sources soient naturelles ou artificielles, qu'elles proviennent d'un sondage ou du drainage, leur propriété est soumise aux mêmes règles. Ce sont ces règles que nous allons étudier maintenant.

Le droit romain admettait déjà que la propriété de la source revenait au propriétaire du sol : « Portio enim « agri videtur aqua viva. » Seulement, comme pour le droit de fouille, il corrigeait la rigueur de ce principe

au moyen de l'action de dol. « Malitiis non est indul-
« gendum, » disaient les jurisconsultes romains. Le droit
féodal et coutumier affirma, lui aussi, le droit du propriétaire du sol; il se trouve fort bien résumé dans ce
passage de Dumoulin : « Dominum posse suo commodo
« divertere vel retinere aquam quæ oritur vel labitur in
« fundo suo, in præjudicium vicini, qui etiam per tempus
« immemoriale usus est eadem aqua in fundum suum
« labenti [1]. » Il est vrai que Bretonnier se montre moins
absolu et, après avoir reconnu le droit du propriétaire
du fonds, il ajoute : « Pourvu qu'il le fasse pour son uti-
« lité et non pas dans le dessein et uniquement pour
« nuire à son voisin. » Telle paraît aussi avoir été la
doctrine du droit intermédiaire; Merlin n'hésitait pas à
affirmer : « Que le propriétaire d'un héritage, où se trou-
« vent des sources formant un ruisseau, peut en détour-
« ner le cours pour son utilité, même au préjudice de
« ceux qui sont au-dessous, quoiqu'ils soient en posses-
« sion immémoriale d'user de cette eau pour arroser leurs
« terres, à moins toutefois qu'il n'y ait eu, sur cet objet,
« quelque convention particulière [1]. »

Aussi il semble bien que le Code a dû se faire l'écho de
ces traditions presque unanimes de notre jurisprudence,
quand, dans son article 641, il a disposé en ces termes :
« Colui qui a une source dans son fonds peut en user à sa
« volonté, sauf le droit que le propriétaire du fonds infé-
« rieur pourrait avoir acquis par titre ou par prescrip-
« tion. »

Et pourtant on a contesté que notre loi ait consacré

____

(1) Dumoulin, Vol. V, Cons. 69.
(2) Merlin, Répert. *Cours d'eau*, N° 2.

par là le droit absolu du propriétaire du sol où la source jaillit. Un auteur considérable, Proudhon, a prétendu que celui qui a une source dans son fonds, a sur ses eaux un simple droit d'usage; il a l'*usus* aussi étendu que possible, mais il n'a jamais l'*abusus*. Ce système a été reproduit récemment par M. Nadault de Buffon, dans ses *Considérations sur le régime légal des eaux de source*, et l'éminent ingénieur, prenant ses désirs pour des réalités juridiques, déplore la voie funeste où, suivant lui, se sont engagées la doctrine et la jurisprudence.

Voici les arguments qu'on fait valoir dans ce sens : 1° Un argument historique, tiré du droit romain et de l'ancien droit. Le droit romain n'admettait pas que le propriétaire du sol, en usant de sa source, pût nuire aux propriétaires inférieurs, c'était aussi l'opinion de Bretonnier et plusieurs arrêts l'ont consacrée.

2° Les travaux préparatoires : « La nature, disait Mal-« leville, a destiné l'eau à l'usage de tous; et celui qui a « une source dans son fonds peut s'en servir le premier « pour ses besoins; mais, ses besoins satisfaits, il ne « peut pas en priver d'autres. On a fort bien dit que la « propriété des eaux est d'une espèce particulière. Sans « doute, celui dans le fonds duquel l'eau surgit, a le « droit de s'en servir, quand même pendant mille ans « elle aurait coulé dans le fonds voisin; mais, les besoins « de ce premier propriétaire une fois satisfaits, l'équité, « l'intérêt public et la destination même de l'eau ne per-« mettent pas que des fonds inférieurs en soient arbi-« trairement privés; la Providence a créé pour l'usage « de tous cet élément nécessaire à tous. »

3° Le texte même de l'article 641 : que dit-il? Que celui qui a une source dans son fonds peut en user....., pas autre chose. Or, le droit de propriété comprend deux éléments, le propriétaire peut user et abuser de la chose; il ne saurait donc être question ici d'une véritable propriété.

4° Des considérations générales, exprimées souvent avec beaucoup de force et d'éloquence : « De ce qu'une « chose nous appartient, a dit Proudhon, il n'en résulte « pas, comme conséquence nécessaire, qu'il nous soit « permis de la détruire quand elle peut être utile à d'au- « tres. Un homme ne pourrait mettre le feu à sa moisson, « ni même couper son blé en herbe, ou faire ses récoltes « d'une manière prématurée, sans se rendre coupable « envers la société. — Si olivam immaturam decerpse- « rit vel segetem desecuerit immaturam, vel vineas cru- « das, Aquilia tenebitur. »

5° Enfin on invoque des raisons scientifiques ou soi-disant telles. La source, dit-on, ne se forme pas dans le fonds où elle jaillit; elle vient de plus loin; si elle est sus-ceptible de propriété, elle ne saurait appartenir qu'au propriétaire du fonds où elle prend naissance[1].

Quelque ingénieux que soient les motifs donnés, nous ne pouvons accepter ce système : avec la plupart des au-teurs, nous croyons que l'article 641 donne, sur la source, au maître du fonds d'où elle jaillit un véritable droit de propriété; c'est d'ailleurs l'opinion consacrée par une jurisprudence presque constante.

Il y a un article qui domine toute cette matière et que nous avons déjà cité, c'est l'article 552, d'après lequel la

---

[1] Proudhon, *Domaine public*, nos 1346 et 1410. Nadault de Buf-fon, *Considérations sur le régime légal des eaux de source*, p. Daviel, tome III, n° 893.

propriété du sol emporte celle du dessous. Cet article, dans sa généralité, embrasse tous les cas et pour contester au maître du sol la propriété de la source qui y jaillit, il faudrait apporter un texte bien formel. Ce texte, nos contradicteurs l'apportent-ils dans le débat? on ne saurait sérieusement le prétendre. L'article 641, dont ils s'arment contre nous, dit, il est vrai, que le propriétaire du sol peut user de la source; mais il ajoute un mot qui modifie bien le sens d'user, c'est « à volonté; » il peut user à volonté; or, qu'est-ce que l'usage à volonté, sinon l'usage plein, complet, l'*abusus* en un mot? Et la fin de l'article ne jette-t-elle pas une singulière lumière sur le commencement : il peut en user à volonté, « sauf le droit « que le propriétaire du fonds inférieur pourrait avoir « acquis par titre ou par prescription. » En dehors des droits acquis par titre ou par prescription, on ne peut rien lui opposer; mais c'est là la condition de tout propriétaire. C'est donc jouer sur les mots que de venir prétendre qu'il n'a pas la propriété de la source. Et puis l'article 643 ne vient-il pas corroborer notre interprétation? Ah! lui, il n'hésite pas, il ne prête pas à équivoque : « Le proprié- « taire de la source....... » N'est-ce pas l'évidence même?

Et maintenant que deviennent les autres arguments? La tradition historique? Nous avons vu ses fluctuations, et d'ailleurs, même dans le système le plus défavorable à notre cause, nie-t-on le droit de propriété du maître du sol? Nullement, on combine ce droit avec les règles sur le dol, mais jamais on ne le conteste, de nombreux textes au contraire en affirment l'existence.

Les travaux préparatoires..........? On a dit bien souvent qu'on pouvait toujours les invoquer dans tous les sens, nous en trouvons ici une nouvelle preuve; à Malleville nous pouvons opposer le consul Cambacérès, avec toute l'autorité dont il était investi : « En se réglant par « les principes, disait-il, on ne peut mettre en question « si une source est une propriété, et, par une suite né- « cessaire on ne peut refuser au propriétaire le droit d'en « disposer à son gré. L'écoulement des eaux par le fonds « inférieur n'apporte pas de modifications à ce droit. Hors « le cas d'utilité publique et, lorsqu'il n'y a en jeu que « l'intérêt des particuliers possédant les fonds inférieurs, « rien ne peut plus balancer les droits du propriétaire. » Sur ces mots la discussion fut close, et nos articles furent adoptés sans modification.

Restent les considérations générales : elles ont été exposées avec beaucoup d'éloquence par nos contradicteurs; elles ont peut-être raison sur certains points, mais elles ne peuvent rien contre la loi; et d'ailleurs elles s'appuient sur des analogies insoutenables, sur des affirmations erronées; je ne sache pas qu'on ait jamais, dans notre droit, invoqué la loi Aquilia contre les propriétaires qui coupent leurs blés en vert ou qui font leurs récoltes d'une façon prématurée. Quant à la science, elle n'avait rien à faire ici; mais, puisqu'on l'invoque, nous avons bien le droit de dire que cette suprême ressource de l'opinion adverse se tourne contre elle. Ou bien la source provient des eaux pluviales qui se sont amassées dans le fonds, et alors le droit du maître de ce fonds ne saurait être douteux; ou bien son origine est tout à fait incertaine, elle se compose de filets d'eau qui se sont formés on ne sait où et alors on serait fort embarrassé s'il fallait en attribuer la propriété au maître du sol où elle s'est formée.

En résumé, le système que nous venons de soutenir est inattaquable et, pour en prôner un autre, il faut, comme nous le disions plus haut, prendre ses désirs pour des réalités (1).

Arrivons aux conséquences de notre doctrine; le maître du sol, étant propriétaire de la source, a également un droit de propriété sur ses eaux tant qu'elles coulent dans son fonds; ce n'est qu'à la sortie du fonds qu'elles deviennent *res nullius;* on a cherché à le contester, mais la Cour de cassation, à la suite d'un remarquable rapport de M. Connelly, a repoussé cette peu logique innovation : « Attendu, dit-elle, que ce n'est qu'après leur sortie du « domaine où elles jaillissent que les eaux, avec le lit où « elles coulent, doivent être, sous la réserve des droits « de ceux dont elles traversent ou bordent les héri-« tages, considérées comme choses n'appartenant à per-« sonne (2). »

Autre conséquence, le maître du sol pourra faire de la source tel usage qu'il lui plaira, en retenir la pleine propriété ou concéder des servitudes, garder les eaux sur son fonds ou les laisser à leur cours naturel, en disposer à titre gratuit ou onéreux; bref, il est le maître, et il n'a de compte à rendre de sa conduite à personne. Ce sera souvent très-grave, je n'en disconviens pas; nous avons pu nous en rendre compte, il n'y a pas bien longtemps, quand la ville de Paris a acheté plusieurs sources des vallées de la Dhuis et de la Vanne; mais c'est la loi, personne ne peut le contester.

---

(1) Henri Nadault de Buffon, *Traité des eaux de source,* ch. I, sect. 1, § 1. Demolombe, *Des servitudes*, t. I, n° 66. Aubry et Rau, 4° éd., § 244. De nombreux arrêts de Cass. consacrent ce système, entre autres, 29 janvier 1840. S., 40. 1. 207; Cass., 29 avril 1873. S., 73. 1. 377.

(2) Cass., 29 avril 1873. S., 73. 1. 377.

Il y a cependant un point sur lequel on a cherché à soulever un doute : effrayés des conséquences terribles que pouvait avoir la dérivation des eaux de source, quelques jurisconsultes ont soutenu que le maître du sol, tout en étant en principe propriétaire de la source, ne pouvait la dériver quand elle donnait naissance à un cours d'eau navigable ou flottable; quelques-uns, plus absolus, ont été jusqu'à contester le droit de dérivation toutes les fois que la source donne naissance à un cours d'eau : « Cum « sit principium et caput fluminis. » C'est ce qu'on a appelé la doctrine de Cancerius, du nom d'un jurisconsulte catalan, qui l'a mise en avant. Depuis lors, quelques auteurs l'ont adoptée et nous la trouvons reproduite dans plusieurs pétitions adressées au Sénat à propos des dérivations de la Somme-Soude, du Surmelin et de la Dhuis. On se fonde sur ce que, dans ce cas, la source n'est plus que l'accessoire de la rivière ou du fleuve; elle sert à l'alimenter, elle doit donc, elle aussi, être considérée comme appartenant au domaine public, et alors nous retombons dans la théorie du simple droit d'usage réservé au propriétaire du sol où la source jaillit. Cette doctrine, exorbitante dans ses résultats, pèche par sa base, car on ne voit plus bien dans quel cas l'article 641 serait applicable. A part quelques minces filets d'eau, qui s'échappent du sol et se perdent sur les terres environnantes, toutes les sources alimentent un cours d'eau; on peut même aller plus loin et dire que toutes en définitive aboutissent, plus ou moins directement, à un cours d'eau navigable ou flottable. Par conséquent que l'on admette le système absolu, qui refuse au maître du sol le droit de disposer de la source, toutes les fois qu'elle donne naissance à un cours d'eau quelconque ou bien que l'on admette la doctrine moins générale qui se restreint aux cours d'eau navigables et flottables, on peut dire que presque aucune source ne restera à la disposition pleine et entière du maître du sol. C'est là ce qui condamne nos adversaires, ils en viennent à cette conséquence inadmissible que la loi a édicté l'article 641 pour une hypothèse qui ne se présentera jamais (1).

Ainsi toute source appartient au propriétaire du sol, le principe est absolu; de plus, c'est une propriété ordinaire soumise aux règles du droit commun, et nous en tirerons cette double conséquence que les eaux de source échappent au pouvoir réglementaire de l'administration et au pouvoir discrétionnaire que l'article 645 confère au juge civil.

Les eaux courantes sont soumises à la réglementation administrative; déjà les lois de la Révolution, et notamment celle du 20 août 1790, avaient conféré un pouvoir de police et de surveillance aux administrations départementales; nos préfets en ont hérité et, d'après les décrets du 25 mars 1852 et du 13 avril 1861, c'est à eux qu'il appartient d'autoriser l'établissement des usines sur les cours d'eau non navigables, d'y concéder les prises d'eau, d'en assurer le curage, etc. Mais les eaux de source, propriété essentiellement privée, échappent à l'application de ces règles. C'est ce qu'ont reconnu de nombreux arrêts du Conseil d'État; ils ont décidé notamment que le préfet ne pouvait pas régler l'aménagement

(1) Henri Nadault de Buffon, *Traité,* ch. I, sect. 1, § 2. Demolombe, *Des servitudes*, t. I, n° 191. Daviel, t. III, p. 792. Rouen, 4 février 1824. D. 24. 2. 114. Cass. 18 février 1858. J. P. 1858, p. 287. Contrà Garnier, *Régime des eaux*, t. III, n° 747. Rouen, 16 juillet 1857. S., 57. 2. 621.

F

de ces eaux, qu'il n'avait pas le droit, en pareil cas, de fixer la hauteur d'une vanne ou d'un déversoir. L'administration est incompétente quand il s'agit d'eau de source. Toutefois, de droit commun, c'est devant le Conseil de préfecture que sont portées toutes les plaintes pour dommages résultant de travaux exécutés par l'administration; la règle générale sera évidemment appliquée aux sources, mais la compétence administrative est restreinte à ce seul cas.

Les eaux de source, qui ne sont pas soumises au pouvoir réglementaire de l'administration, ne le sont pas davantage au pouvoir discrétionnaire que l'article 645 du Code confère aux juges. On a pourtant soutenu le contraire, on a rappelé la vieille maxime de notre ancien droit : « Quod uni non nocet et alteri prodest, non est « denegandum; » on a prétendu que le législateur avait entendu l'adopter. Plusieurs orateurs, entre autres Tronchet et Malleville, n'ont-ils pas dit, dans la discussion, qu'il peut y avoir des raisons supérieures d'équité qui permettent de tempérer la rigueur du droit? Et plus tard Malleville se montrait encore plus explicite quand, dans ses travaux sur le Code, il disait :

« Pour ne pas autoriser la malice d'un propriétaire « de source qui, sans intérêt d'utilité ou même d'agré- « ment, voudrait priver ses voisins de l'usage des eaux, « on reconnut la nécessité de l'article 645. » Et puis on invoque ces grandes raisons d'équité, que nous avons déjà trouvées sur notre chemin, lorsqu'il s'agissait d'établir la nature du droit du maître du sol sur la source qui jaillit dans son fonds.

Pour notre part, nous persistons à croire que l'article 645 doit être restreint aux eaux courantes; l'ancien droit n'appliquait guère que dans cette hypothèse la maxime citée plus haut; c'est ce qu'indiquait déjà fort bien Bretonnier, à propos d'un arrêt du 16 juillet 1605. Quant aux travaux préparatoires, nous avons vu plus haut que l'opinion de Malleville et de Tronchet sur les eaux de source avait été complètement repoussée par le législateur. Enfin l'économie générale de notre loi contredit formellement toute cette théorie. L'article 644 parle des eaux courantes et des droits qu'elles confèrent aux héritages voisins, puis l'article 645 le suit, et il est ainsi conçu : « S'il s'élève « une contestation entre les propriétaires auxquels ces « eaux peuvent être utiles, les tribunaux, en prononçant, « doivent concilier l'intérêt de l'agriculture avec le res- « pect dû à la propriété... » Les propriétaires auxquels ces eaux peuvent être utiles... Quoi de plus formel? Ces eaux....., c'est-à-dire celles dont le législateur vient de parler dans l'article 645, peuvent être utiles... C'est très-bien pour les eaux courantes sur lesquelles les riverains n'ont qu'un droit d'usage; mais est-ce applicable à la source qui m'appartient, sur laquelle j'ai autre chose qu'un droit d'utilité? Il y a une différence radicale entre le droit que le propriétaire d'une source a sur cette source, et le droit d'un riverain sur les eaux qui longent ou traversent sa propriété; c'est ce qui explique parfaitement que la loi les ait différemment protégés.

Deux arrêts de la Cour de Metz des 11 mai 1825 et 16 novembre 1826 avaient d'abord adopté la première opinion, mais depuis la jurisprudence est revenue aux véritables principes et elle les a énergiquement sanctionnés [1].

______

[1] Demolombe, *Servitudes*, t. I, n° 66. — Henri Nadault de Buffon,

De tout ce qui précède résultent ces deux règles :
1° Que l'autorité judiciaire est seule compétente pour juger des troubles apportés au droit du propriétaire de la source, et 2° Que les tribunaux ne doivent s'inspirer dans leurs décisions que des principes qui régissent le droit de propriété.

Partant de cette idée, nous dirons que, conformément au droit commun, le propriétaire lésé aura deux voies ouvertes devant lui. Il pourra, à son choix, agir au petitoire et exercer son droit, tel que nous l'avons décrit jusqu'ici, ou bien agir au possessoire et, sans discuter la question de droit, demander au juge du possessoire, c'est-à-dire au juge de paix, de rétablir l'état de fait qui existait avant le trouble.

Rappelons en deux mots ce que c'est que l'action possessoire et comment elle s'exerce, puis nous en ferons l'application à notre matière.

MM. Aubry et Rau ont défini les actions possessoires avec leur précision habituelle : « Les actions possessoires, « disent-ils, sont celles qui, fondées sur une possession « ou quasi possession, revêtue des caractères exigés par « la loi, et continuée pendant une année au moins, c'est- « à-dire sur la saisine possessoire, ont pour objet direct « et principal de la faire reconnaître au profit du deman- « deur (1). »

Traité, ch. I, sect. 4, § 1. — Colmar, 26 novembre 1857. S., 58. 2. 243. — Cass., 19 novembre 1855. S., 56. 1, 609, et beaucoup d'autres arrêts de Cours d'appel et de Cassation. Contrà *Tardif sur Dubreuil*, t. I, n° 85. — Proudhon, *Domaine public*, n°* 1346 et 1419. — Garnier, *Régime des eaux*, t. II, n°* 55, et les deux arrêts de Metz cités plus haut.

(1) Aubry et Rau, 4° édit., II, § 184.

Toute la théorie des actions possessoires est dans cette définition. Elle suppose une possession ou quasi possession revêtue des caractères exigés par la loi, c'est-à-dire continue et non interrompue, paisible, publique, non équivoque et à titre de propriétaire (art. 2229). Dès qu'elle réunit ces conditions, elle mérite d'être protégée, et c'est dans ce but qu'a été créée l'action possessoire. Il se peut que le possesseur ait été simplement troublé et qu'il veuille se faire maintenir dans sa possession, il intente alors la complainte; il se peut qu'il veuille interrompre des travaux dont l'achèvement entraverait sa possession, il intentera alors la dénonciation de nouvel œuvre. Enfin il y a une troisième action possessoire, la réintégrande par laquelle tout possesseur et même tout détenteur demande le rétablissement d'un état de choses modifié à son détriment.

Ces actions sont de la compétence du juge de paix et elles ne peuvent être exercées que si elles ont été formées dans l'année du trouble.

Appliquons cette théorie aux sources. Certains auteurs ont pensé que le juge de paix n'était pas toujours compétent pour connaître des actions relatives à la possession des sources; ils se sont fondés sur l'article 38 du Code de procédure ainsi conçu : « Dans tous les cas où la vue « du lieu peut être utile pour l'intelligence des dépositions « et spécialement dans les actions pour déplacement de « bornes, usurpation de terres, arbres, fossés ou autres « clôtures, et pour entreprises sur les cours d'eau, le « juge de paix se transportera, s'il le croit nécessaire, sur « le lieu. »

On a invoqué dans le même sens l'article 3, et on a dit : ces articles ne parlent que de cours d'eau; ils ne sont donc applicables qu'aux eaux qui ont un cours; par conséquent le juge de paix n'est pas compétent, s'il s'agit de troubles apportés à une source dont les eaux viennent seulement à la surface du sol ou se perdent presque immédiatement sans avoir d'écoulement sur les fonds voisins. C'est là jouer sur les mots; mais, même en admettant le sens restrictif que l'on prétend donner à ces articles, ils ne sauraient être d'aucune influence sur la question que nous examinons ici; en effet, ils ne tranchent que des points spéciaux de procédure; la compétence des juges de paix, en fait d'actions possessoires, est réglée par les articles 23 à 27 du Code de procédure et elle est générale, elle s'applique à tous les faits de nature à troubler la possession. C'est du reste l'opinion universellement admise aujourd'hui, et la Cour de cassation l'a maintes fois sanctionnée.

On avait prétendu voir une autre limitation à la compétence du juge de paix dans l'article 6, n° 1 de la loi du 25 mai 1838, d'après lequel les juges de paix connaissent « des entreprises commises dans l'année sur les « cours d'eau servant à l'irrigation des propriétés et au « mouvement des usines et moulins. » On insistait sur ces derniers termes qu'on voulait considérer comme limitatifs; là encore la jurisprudence résista, et un arrêt de Cassation du 22 août 1859 [1] consacra les véritables principes en décidant que le juge de paix est compétent pour statuer au possessoire sur une contestation relative à la jouissance d'eaux provenant des sources, alors même que ces eaux sont employées à des besoins autres que ceux de l'irrigation des propriétés ou du mouvement des usines et moulins.

(1) Cass., 22 août 1859. D. 1860. 1. 369.

CHAPITRE III.

Des charges et des droits du fonds inférieur.

L'article 640 est ainsi conçu :

« Les fonds inférieurs sont assujettis, envers ceux qui
« sont plus élevés, à recevoir les eaux qui en découlent
« naturellement, sans que la main de l'homme y ait con-
« tribué;

« Le propriétaire inférieur ne peut élever de digue qui
« empêche cet écoulement;

« Le propriétaire supérieur ne peut rien faire qui ag-
« grave la servitude du fonds inférieur. »

Ici la question des sources nous apparaît à un point de vue tout différent; il ne s'agit plus des droits du proprié- taire sur la source, au moment où elle sort du sol; les eaux se sont écoulées sur les fonds voisins, et il faut déterminer quels rapports de droit vont s'établir entre le fonds supérieur et le fonds inférieur; autrement dit quelles sont les charges qui pèsent sur ce dernier, quels sont les droits qu'on peut invoquer en sa faveur. Ce sera là l'objet des deux premières sections de ce chapitre. Dans la troi- sième, nous verrons comment le propriétaire supérieur et le propriétaire inférieur peuvent faire cesser les troubles apportés à l'exercice de leurs droits.

SECTION PREMIÈRE.

Des charges qui pèsent sur le fonds inférieur.

Le fonds inférieur est obligé de recevoir les eaux qui s'écoulent du fonds supérieur ; c'est là ce qui résulte de l'article 640 [1]. Mais quelle est la nature de cette charge ? Le Code la considère comme une servitude, ne faut-il pas plutôt y voir une nécessité résultant de la nature des lieux, indépendamment de toute disposition de loi, nécessité que le Code n'a fait que consacrer ? C'est ce qu'a fort bien indiqué M. Demolombe : « Si, dans notre hypo-
« thèse, dit-il, le propriétaire inférieur pouvait chercher
« à se soustraire à cet assujettissement, par des travaux
« qui feraient refluer les eaux sur le fonds supérieur,
« le propriétaire de celui-ci aurait également, de son côté,
« le droit d'entreprendre des ouvrages pour repousser
« les eaux, avec plus de violence, sur les fonds inférieurs,
« c'est-à-dire que, finalement, ni l'un ni l'autre, au
« milieu de ces mutuelles représailles, ne pourrait jouir
« de sa propriété, et voilà pourquoi le législateur est in-
« tervenu dans l'intérêt privé des propriétaires et dans
« l'intérêt général de la société, non pas pour créer ici

[1] Il y est obligé, alors même que les deux fonds seraient séparés par un chemin public. La Cour de cassation a décidé, à plusieurs reprises, notamment le 24 juin 1867 (J. P., 67, p. 870), que le propriétaire inférieur ne pouvait s'exonérer dans cette hypothèse de la charge que l'article 640 impose à son fonds. Il n'a d'autre ressource que d'alléguer, conformément au droit commun, que l'établissement du chemin a créé des pentes artificielles et changé la direction naturelle des eaux.

« une servitude, mais pour constater la situation natu-
« relle des lieux, et afin que chacun soit tenu de s'y
« conformer et de la maintenir, car, suivant le mot très-
« juste d'Ulpien, *non aqua, sed loci natura nocet* [1]. »

Nous aimons bien mieux ce point de vue que celui de
Toullier, d'après lequel, « si on ne suivait que la loi
« de la propriété, le propriétaire inférieur pourrait éle-
« ver des digues pour empêcher les eaux de couler sur
« son terrain et les faire refluer sur le fonds supérieur
« ou sur les fonds voisins [2]. »

En tout cas, et quel que soit le fondement philoso-
phique de l'article 640, qu'il émane de la loi ou de la
nature des choses, l'obligation pour le fonds inférieur
de recevoir les eaux qui découlent du fonds supérieur
est incontestable et éminemment sage; il doit les recevoir, alors même qu'il en résulterait pour lui une gêne
considérable. Telle n'est pas, il est vrai, la doctrine de
Delvincourt; suivant cet auteur, s'il est possible de diminuer le dommage, en divisant la masse d'eau et en
la faisant écouler par divers endroits, le juge aurait le
droit de prescrire cette mesure. Mais nous ne pouvons
admettre ce tempérament apporté à la rigueur de l'article 640, c'est revenir indirectement à une doctrine que
nous avons écartée plus haut et reconnaître au juge un
pouvoir discrétionnaire, qu'il n'a jamais quand il s'agit
de sources. La charge a beau être onéreuse, elle doit
être supportée, c'est une conséquence de la situation
du fonds; mais s'étend-elle à toutes les eaux, de quel-

(1) M. Demolombe, *Servitudes*, t. I, n° 16. Sic. Henri Nadault de
Buffon, *Traité des eaux de source*, ch. II, sect. 2, § 1.
(2) Toullier, tome II, n° 484.

que façon que se produise l'écoulement? Non, cette charge est circonscrite dans certaines limites que l'article 640 détermine et qui ne font que corroborer ce que nous avons dit jusqu'ici sur son origine.

La première condition exigée par l'article 640, c'est que les eaux découlent *naturellement*..... Il faut qu'elles soient abandonnées à leur cours naturel : par conséquent, si le propriétaire du fonds supérieur réunit en un seul canal les divers filets d'eau, qui s'échappent du sol, et rejette sur le fonds voisin une masse d'eau qui peut y occasionner de graves dégâts, le maître de celui-ci a droit à une indemnité; il en sera de même si, à l'inverse, il divise les eaux d'une source pour l'irrigation de sa propriété et leur donne par là un cours multiple qu'elles n'avaient pas jusqu'alors et qui peut endommager les récoltes des fonds inférieurs; il en sera de même encore si, aux eaux de la source, il en ajoute d'autres, qu'il a accumulées artificiellement et qui rendent le cours de l'eau plus rapide et plus dommageable; la jurisprudence s'est plusieurs fois prononcée dans ce sens. Un cas qui se présente souvent est celui où le propriétaire de la source en détourne le cours et la fait passer dans une partie de la propriété du voisin, où elle causera plus de dommages; il se peut même que cette dérivation diminue simplement l'utilité que le fonds inférieur en tirait. Le texte de la loi est général et proscrit tout écoulement artificiel. Mais au moins faut-il qu'il y ait dommage actuel ou éventuel; sans cela il n'y aurait pas lieu à plainte; si le propriétaire a facilité l'écoulement de l'eau dans son fonds, par des travaux, qui ne nuisent aucunement au fonds inférieur, qui n'aggravent pas la servitude, qui ne lui enlèvent aucun des avantages qu'il en tirait, le propriétaire de ce fonds n'a aucun sujet de plainte, c'est ce qu'a décidé la Cour de cassation, dans plusieurs arrêts; c'est ce qui résulte par *a contrario* du principe général posé par l'article 640 *in fine :* « Le propriétaire supérieur ne peut « rien faire qui aggrave la servitude du fonds infé- « rieur (1). »

Une autre conséquence à tirer du principe que l'écoulement doit être naturel, c'est qu'il doit être naturel non-seulement dans son cours, mais encore dans la qualité des eaux rejetées sur le fonds voisin. Précisons bien la situation : j'ai dans mon fonds une source d'eaux fétides, elles s'écoulent chez le voisin; il ne saurait se plaindre, écoulement naturel!... Mais j'ai une source d'eau pure et limpide, je la charge de matières, qui la corrompent et la rendent impropre à tout usage, je viole l'article 640 en prétendant la faire écouler sur le fonds du voisin. Seulement, ici, il faudra distinguer soigneusement entre l'usage normal que je puis faire de mon eau, usage toujours licite, dont le propriétaire inférieur ne saurait se plaindre, alors même que l'eau n'aurait pas gardé toute sa pureté primitive, et l'abus qui doit être rigoureusement proscrit. Ces principes ont été plusieurs fois appliqués par la jurisprudence contre les propriétaires de houillères, qui prétendent rejeter sur le

(1) Dans le cas cité plus haut, où les deux héritages sont séparés par un chemin public, de même que cette circonstance ne modifie pas le droit du propriétaire supérieur, elle ne modifie pas non plus ses obligations; aussi la jurisprudence décide-t-elle, avec raison, qu'il ne peut pratiquer des travaux qui, sous prétexte qu'ils ne sont destinés qu'à faciliter l'écoulement des eaux sur la voie publique, auraient néanmoins pour résultat de les faire écouler en masse sur le fonds inférieur. (Cass., 8 janvier 1834. J. P. 35, p. 24.)

fonds voisin des eaux malsaines, funestes à la végétation. Je prétends que, dans ce cas, le propriétaire inférieur peut repousser absolument les eaux qu'on veut jeter sur son fonds. M. Demolombe admet un tempérament : il veut que le juge puisse lui en imposer l'écoulement, à la condition que le propriétaire supérieur lui fournisse en même temps une certaine quantité d'eau pure. Ce tempérament ne nous semble pas pouvoir être adopté; c'est toujours un retour, plus ou moins déguisé, à l'article 645, qui, nous l'avons vu, est absolument inapplicable aux eaux de source. Le propriétaire de la source doit livrer ses eaux au fonds inférieur, dans leur état naturel; s'il ne le fait pas, ce fonds est libre de repousser une charge qui ne lui incombe pas; il ne saurait appartenir aux tribunaux de créer des servitudes en dehors de la loi; je ne sache pas que la servitude judiciaire ait jamais été admise par notre Code.

Ainsi l'article 640 n'astreint le propriétaire du fonds inférieur à recevoir les eaux qui viennent du fonds supérieur, que si elles s'écoulent naturellement; c'est conforme à l'équité des choses, c'est conforme aussi à nos vieilles traditions juridiques. Domat les résumait en ces termes : « Celui qui a l'héritage d'en haut ne peut changer le « cours de l'eau, soit en le détournant ou le rendant « plus rapide, ou en faisant d'autres changements au « préjudice du maître qui est au-dessous et celui qui a « l'héritage du dessous ne peut non plus empêcher que « son héritage ne reçoive l'eau qu'il doit recevoir et de « la manière qu'il était réglé. »

Passons à la seconde condition de l'article 640 : « Les « eaux qui découlent naturellement, *sans que la main de* « *l'homme y ait contribué.* » Il semble à première vue

que ce soit là une redondance et que le second membre
de la phrase ne fasse que renforcer le premier; c'est une
erreur. Cette seconde condition est très-importante et elle
nous permet de résoudre une hypothèse spéciale, celle
où la source ne jaillit pas du sol naturellement, mais a été
provoquée par des sondages. Le maître de la source
aurait pu dire : Sans doute, ma source est artificielle,
mais, une fois qu'elle a jailli du sol, je la laisse prendre
la direction qui lui convient, son écoulement est naturel,
le fonds inférieur est obligé de la recevoir. La seconde
condition de l'article 640 met obstacle à cette argumentation qui, sans cela, aurait été fort spécieuse.

Sans que la main de l'homme y ait contribué, dit l'article 640, et il en résulte immédiatement que le fonds
inférieur n'est pas tenu de recevoir les eaux provenant
de sources artificielles. Cependant une question délicate
s'est élevée à ce sujet. Si le propriétaire de la source a
fait des fouilles et des sondages dans le but avoué de trouver une source, pas de doute possible. Mais *quid,* si la
source a jailli accidentellement, au cours de travaux dont
le but était tout opposé? M. Demolombe croit que, même
dans ce cas, le propriétaire inférieur est en droit d'exiger
une indemnité; il s'appuie sur les termes de l'article 640,
qui ne distingue pas, et il dit : « La main de l'homme y
« a évidemment contribué, donc le propriétaire inférieur
« n'est pas tenu d'en recevoir les eaux sur son fonds. »
Une pareille interprétation nous semble bien littérale et
nous préférons l'opinion de Daviel et de Pardessus. D'a-
près ces deux auteurs, le propriétaire, en exécutant des
travaux sur son fonds, ne fait qu'user de son droit; si
une source jaillit fortuitement et gêne le voisin, il ne

saurait en être rendu responsable; décider autrement, ce serait créer à son préjudice une servitude aussi onéreuse qu'injustifiable; d'ailleurs toutes les sources ont eu un commencement, il peut s'en produire de nouvelles; tout ce qu'on est en droit d'exiger, c'est que le maître d'un fonds, après avoir sciemment foré dans le but de trouver une source n'aggrave pas par son fait la situation du fonds inférieur.

Maintenant, qu'il y ait là une question d'intention très-délicate à élucider, je ne le conteste pas; mais il en est ainsi toutes les fois que le juge a à apprécier les difficultés de ce genre, et pourtant il est toujours obligé de prendre parti.

Telles sont les deux conditions exigées par la loi, pour que le fonds inférieur soit astreint à recevoir les eaux qui découlent du fonds supérieur; quand elles se trouvent réunies, cette charge existe toujours : et alors peu importe la nature du fonds inférieur, qu'il appartienne à des particuliers, à une commune ou à l'État, l'obligation est toujours la même. Nous ne comprenons vraiment pas comment Pardessus a pu soutenir le contraire. Rien n'autorise à déroger aux termes si généraux de l'article 640, quand il s'agit de l'État ou d'une commune.

Nous arrivons à une série d'hypothèses qui méritent d'attirer notre attention. Il se peut que le propriétaire de la source possède d'autres fonds que celui où elle jaillit, est-ce que ce fait va engendrer pour lui de nouveaux droits? Il convient de distinguer ici les différentes situations qui peuvent se produire.

1° Le second fonds est immédiatement au-dessous du premier, sans qu'aucun autre héritage l'en sépare; il est alors assimilé au premier; le maître de la source continuera à en avoir la pleine et entière disposition. Il n'y a, à vrai dire, qu'une seule et même propriété.

2° Le second fonds est séparé du premier par un chemin public; il faudra, par application des principes posés plus haut, donner la même solution.

3° Le second fonds est séparé du premier par un ou plusieurs héritages; ici deux opinions sont en présence; la première soutient que le propriétaire de la source est maître d'en disposer comme il l'entend, aussi bien dans le second fonds que dans le premier; son droit, dit-on, est indivisible et ne saurait être restreint. Dans un second système, qui nous paraît préférable, on dit que rien ne force à conférer toujours à une personne les mêmes droits sur une source. Dans le fonds où la source jaillit, cette personne est propriétaire et peut agir comme telle, mais son droit de propriété s'arrête à la sortie de son fonds; plus bas elle n'est que riveraine, elle sera soumise aux charges de tout riverain et n'aura plus que les droits d'un riverain. La jurisprudence s'est prononcée dans ce sens. Remarquons toutefois que, si le maître de la source vient à acquérir les fonds intermédiaires, il recouvre tout son droit.

Il y a deux cas où le propriétaire du fonds supérieur pourra conserver la pleine disposition de ses eaux, après leur passage dans le fonds inférieur; d'abord, quand il aura obtenu du propriétaire de ce fonds la concession d'une servitude d'aqueduc, et en second lieu en vertu de la loi de 1845. La servitude d'aqueduc peut toujours être consentie, soit à titre gratuit, soit à titre onéreux. Quant à la loi de 1845 sur les irrigations, son article 1er est ainsi conçu : « Tout propriétaire qui voudra se servir, « pour l'irrigation de ses propriétés, des eaux natu-

« relles ou artificielles, dont il a le droit de disposer,
« pourra obtenir le passage de ces eaux sur les fonds
« intermédiaires, à la charge d'une juste et préalable
« indemnité. »

Dans cette hypothèse, il est bien évident que le propriétaire de la source, recevant les eaux à la sortie du
fonds inférieur, pourra en disposer à sa guise. De plus
comme il faut procurer un écoulement aux eaux qui ont
servi à l'irrigation, l'article 2 de la loi dispose que :
« Les propriétaires des fonds inférieurs devront recevoir
« les eaux qui s'écoulent des terrains ainsi arrosés, sauf
« l'indemnité qui pourra leur être due. » Dans le cas de
l'article 1er, comme dans le cas de l'article 2, la loi admet
une exception pour les maisons, cours, jardins, parcs
et enclos attenant aux habitations. Il y a dans ces règles
une double dérogation aux principes précédemment posés; d'abord le propriétaire de la source en conserve
la libre disposition, après son passage sur le fonds inférieur, et, en second lieu, il peut imposer aux propriétaires inférieurs le passage d'eaux qui n'ont plus
leur cours naturel. Seulement, se plaçant à ce double
point de vue, la loi a jugé qu'il y avait lieu à indemnité pour les propriétaires ainsi atteints dans leurs droits.
L'indemnité est-elle obligatoire ? Le juge doit-il toujours
la prononcer ? Quelques auteurs l'ont admis, mais la
plupart ont reconnu avec raison que l'indemnité était
facultative. C'est ce qui ressort du texte de l'article 2 :
« Sauf l'indemnité qui pourra leur être due. » C'est ce
qui ressort surtout des travaux préparatoires; le rap-
porteur, M. Dalloz, a formellement déclaré que l'indemnité ne serait due aux propriétaires inférieurs qu'autant
que l'écoulement serait dommageable à leurs fonds.

SECTION II.

Des droits du propriétaire du fonds inférieur.

Après avoir imposé au propriétaire du fonds inférieur la charge de recevoir les eaux des sources situées dans le fonds supérieur, la loi a voulu lui accorder un dédommagement et elle lui laisse l'usage de ces eaux; il peut en faire tel usage que bon lui semble, à la condition de les rendre, à la sortie du fonds, au propriétaire situé au-dessous de lui, à la condition aussi de ne porter atteinte à aucun des droits du maître de la source. Il peut exiger que celui-ci lui livre les eaux dans leur état naturel, il peut exiger la destruction de tout travail qui lui serait nuisible, mais, en revanche, il lui est interdit d'entraver le cours des eaux et de les faire refluer sur le fonds supérieur; c'est ce que prévoit l'article 640 : « Le propriétaire inférieur ne peut point élever de digue « qui empêche cet écoulement. » Le propriétaire inférieur aura le droit d'en jouir avec tous les avantages qui pourront résulter de cette jouissance; ainsi, il profitera de la terre ou du sable que l'eau lui aura apportés; ce sera une juste compensation pour les roches et autres matériaux que la violence du courant pourrait entraîner dans son domaine. Le propriétaire de la source excéderait son droit s'il prétendait reprendre ces terres [1].

(1) Il faut bien remarquer qu'il ne s'agit ici que d'une faculté, dédommagement bien naturel pour la gêne que le passage des eaux peut causer au propriétaire inférieur et nullement d'un droit. N'ou-

Le propriétaire inférieur aura évidemment le droit de demander la destruction des travaux qui viendraient gêner l'exercice de cette faculté que lui confère la loi, ou rendre plus onéreuse la servitude imposée à son fonds. Mais il y a une série d'hypothèses qui ont donné lieu à quelque difficulté. On suppose d'abord qu'une digue naturelle existait sur le fonds supérieur, elle protégeait le fonds inférieur contre la violence du courant, puis elle a été détruite par le propriétaire de la source; pas de doute possible, il est tenu de la rétablir. On peut supposer maintenant qu'une digue naturelle a été détruite par un cas fortuit; pas de doute non plus, la situation des lieux a été changée par une circonstance naturelle, à laquelle le maître de la source est étranger; le propriétaire inférieur est obligé d'en subir les conséquences. Prenons maintenant l'hypothèse d'une digue artificielle détruite par le propriétaire; la Cour de Lyon a admis que, si cette digue existait depuis trente ans, le propriétaire inférieur pouvait en exiger le rétablissement (1), mais cette doctrine ne nous semble pas admissible, c'est bénévolement que le maître de la source a construit cette digue, rien ne l'y obligeait; or, d'après l'article 2232, « les actes de pure faculté et ceux « de simple tolérance ne peuvent fonder ni possession, « ni prescription; » à plus forte raison en est-il de même,

blions pas que le maître de la source peut en retenir les eaux sur son fonds, le jour où cela lui plaira sans que le propriétaire inférieur puisse formuler la moindre plainte. Si le mot de *faculté* paraît peu juridique, disons que le propriétaire inférieur a un droit, mais un droit essentiellement aléatoire, un droit qui disparaîtra le jour où les eaux disparaîtront.

(1) Lyon, 29 mai 1844. S., 45. 2. 110.

si la destruction de la digue résulte d'un cas fortuit.
Mais, du moins, ne peut-on pas dire que, dans le cas
de destruction accidentelle d'une digue, soit naturelle,
soit artificielle, le propriétaire inférieur est autorisé à
la rétablir à ses frais? M. Demolombe n'hésite pas à
l'admettre, et il va même jusqu'à soutenir : « que le
« propriétaire inférieur pourrait être autorisé à établir
« lui-même et à créer une digue ou tout autre ouvrage
« sur le fonds supérieur, afin de protéger son fonds
« contre le dommage résultant de l'écoulement des eaux,
« si le propriétaire supérieur n'avait d'ailleurs aucun in-
« térêt à s'opposer à l'établissement de cet ouvrage (1). »
L'éminent jurisconsulte invoque, à l'appui, des considérations d'équité et la tradition romaine, particulièrement un texte de Paul, au titre *De aq. et aq. pluv.* Paul
lui-même reconnaissait que, d'après les principes romains, ce système était peu juridique : « Hoc equidem
« æquitas suggerit etsi jure deficiamur (2). » Aujourd'hui,
de pareilles théories peuvent bien être applicables entre
riverains; on sait que le juge est investi d'un pouvoir
discrétionnaire pour apprécier leurs différends, mais elles
ne sauraient être opposées au maître de la source dont
le droit est absolu. Nous l'avons déjà dit, nous le re-
dirons encore, une servitude ne se présume pas; il faut
qu'elle soit expressément établie par la loi, et toute considération d'équité vient se briser contre ce grand principe. Nous croyons donc que le propriétaire inférieur
ne peut prétendre ni établir, ni même restaurer une
digue sur le fonds du maître de la source, à moins qu'il

(1) Demolombe, *Servitudes*, t. I, n° 44.
(2) Dig., XXXIX. 3. fr. 2. par. 5.

n'y ait acquis des droits par les moyens que nous étudierons au chapitre suivant.

SECTION III.

Des actions qui appartiennent au maître de la source et au propriétaire inférieur en vertu de l'article 640.

Supposons maintenant que le maître de la source ou le propriétaire inférieur n'ait pas tenu compte des prescriptions de l'article 640 et que l'un ait été lésé par l'autre, que se passera-t-il? Le propriétaire lésé pourra choisir entre les deux voies qui se présentent habituellement dans les contestations immobilières ; il pourra agir au pétitoire et conclure :

1° Au rétablissement des lieux dans leur état primitif.

2° A des dommages-intérêts; le juge prononcera, en outre, dans certains cas, une amende, conformément aux lois du 28 septembre et du 6 octobre 1791.

Il pourra, en second lieu, agir au possessoire, pourvu que l'on soit encore dans l'année du trouble.

Mais dans quelles conditions au juste le propriétaire lésé pourra-t-il agir? Suffit-il qu'il y ait possibilité de trouble? Faut-il absolument qu'il y ait préjudice, dommage actuel? Un arrêt de la Cour de Besançon du 31 août 1844 (1) a autorisé une expertise sur un dommage qui n'existait pas, afin de servir de base à la demande, qui pourrait être formée plus tard s'il venait à se pro_duire. Cette doctrine n'est pas soutenable; d'ailleurs,

---

(1) S., 1845. 2. 625. Le jugement du tribunal de Besançon réformé par la Cour est reproduit au même endroit.

l'arrêt de Besançon est resté absolument isolé dans la jurisprudence. Le jugement du tribunal, réformé par la Cour, l'avait réfuté d'avance : « Attendu, disait-il, que « les demandeurs ne prétendent ni à la réparation d'un « dommage déjà éprouvé, ni à l'interdiction des travaux « devant leur en causer, qu'ils provoquent seulement « une reconnaissance avec la ville de l'état présent de « leur source afin de se ménager, dans ce document, « une base d'appréciation des dommages-intérêts qu'ils « pourraient un jour être dans le cas de réclamer, s'il « arrivait que cette source éprouvât quelque diminution « par l'effet des travaux projetés; qu'ils n'ont d'autre « but qu'une mesure conservatoire, que les demandeurs « ne peuvent trouver le principe d'une telle action ni « dans la loi, ni dans une obligation, ni dans un fait « actuel de la ville. » Cette idée est très-juste, l'ordonnance de 1867 a aboli les enquêtes d'examen à futur, et, depuis lors, notre législation n'admet plus les voies d'instruction purement conservatoires. Ainsi pas d'action, si le propriétaire de la source ou du fonds inférieur n'entend prendre que des mesures conservatoires. Mais, toutes les fois qu'il y aura trouble, toutes les fois que le demandeur concluera à la discontinuation ou à la destruction du nouvel œuvre, son action sera recevable, alors même qu'il n'éprouverait pas un préjudice actuel. La Cour de cassation a décidé maintes fois que : « l'ac-« tion possessoire est admissible toutes les fois qu'un « ouvrage fait de mains d'homme peut nuire à la pro-« priété d'autrui, quoique ce dommage ne soit pas en-« core arrivé [1]. »

<hr>

[1] Cass., 1er décembre 1829. S., 30. 1. 32. Riom, 10 février 1830.

Il y a, du reste, longtemps que le jurisconsulte Ulpien posait les mêmes principes dans son commentaire de l'Édit : « Hæc autem actio locum habet in damno non-« dum facto, opere tamen jam facto ; hoc est, de eo opere « ex quo damnum timetur; totiens que locum habet, « quotiens, manu facto opere, agro aqua nocitura est; id « est, quum quis manu fecerit quo aliter flueret quam « natura soleret, si fortè, immittendo eam, aut majorem « fecerit aut citatiorem, aut vehementiorem , aut si com-« primendo redundare effecit; quod si natura aqua no-« ceret , ea actione non continentur [1]. »

Peut-on opposer au demandeur le consentement qu'il aurait donné jadis aux travaux dont il demande la destruction? Incontestablement oui, si le consentement a été exprès, s'il a été constaté par une convention formelle; mais, s'il y a eu un simple consentement tacite résultant de la non opposition du demandeur à l'exécution des travaux, la question est très-délicate.

Les uns admettent toujours la validité du consentement tacite conformément à la vieille maxime de Labéon : « Si, patiente vicino, opus faciam, ex quo ei aqua pluvia « noceat, non teneri me actione pluviæ arcendæ; sed « hoc ita, si non per errorem aut imperitiam deceptus « fuerit [2]. »

M. Demolombe croit que c'est seulement après un

S., 32. 2. 574; — Cass., 14 août 1832. S., 32. 1. 733; — Cass., 18 mai 1868. S., 68. 1; — Cass., 26 juin 1843. S., 43. 1. 753. — Demolombe, *Servitudes,* t. 1, n° 46. Henri Nadault de Buffon, *Traité des eaux de source,* ch. VII, sect. 1, § 2.

[1] Dig., XXXIX. 3. fr. 1. par. 1.

[2] Dig., XXXIX. 3. fr. 19.

laps de trente ans que la destruction des ouvrages ne peut plus être demandée.

En effet, à défaut de titres, le fondement de l'exception ne saurait être ici que la prescription ; l'existence d'une servitude ne se présumant jamais.

Une troisième opinion, soutenue par un homme dont le nom fait autorité dans les questions d'eaux, Daviel, distingue entre le cas où l'ouvrage a été fait par le propriétaire de la source, au détriment du fonds inférieur et celui où il a été fait par le propriétaire inférieur au détriment du maître de la source. Dans le premier cas, Daviel exige le laps de trente ans ; dans le second, la seule exécution des travaux doit faire présumer le consentement. Daviel en donne pour raison que, dans le premier cas, il y a constitution d'une servitude qui ne peut s'établir que par prescription de trente ans, tandis que dans le second, il y a remise d'une servitude qui peut toujours se présumer.

Nous préférons la doctrine de M. Demolombe ; la maxime de Labéon est contraire à tous les principes de notre droit, et quant à la distinction faite par Daviel, elle ne repose sur aucun fondement. De deux choses l'une, les travaux accomplis doivent aboutir à la création ou à l'extinction d'une servitude ; or, dans l'un comme dans l'autre cas la loi exige le laps de trente ans (art. 690 et 706) [1].

Supposons maintenant qu'il y a eu réellement lésion et que les dommages-intérêts sont dûs ; faut-il en pareil cas admettre qu'ils sont dûs du jour où le préjudice a été

[1] La jurisprudence semble aussi adopter ce système. Voir notamment. Cass., 29 mai 1832. S., 32. 1. 323.

causé? Ou bien une mise en demeure est-elle nécessaire? Toullier se déclare partisan de la mise en demeure, mais il oublie que l'article 1146, qu'il invoque, n'est pas applicable ici. C'est sous le coup de l'article 1382 que tombe notre hypothèse, et il n'y a pas de mise en demeure pour les délits et quasi délits.

Remarquons, en terminant, que, dès qu'un travail a été exécuté sur un fonds, il est présumé fait par le propriétaire de ce fonds, jusqu'à preuve contraire; mais si cette preuve contraire est faite, s'il est établi que c'est là l'œuvre d'un tiers, il suffira que le propriétaire inférieur autorise le maître de la source à détruire à ses frais les travaux qui le gênent (1).

(1) Compar. le principe admis par le droit romain pour les eaux pluviales : « Celsus scribit si quid ipse feci, quo tibi aqua pluvia noceat, mea impensa tollere me cogendum; si quid alius, qui ad me non pertinet, sufficere est patiar te tollere. (Dig., XXXIX. 3. fr. 6. par. 7.)

CHAPITRE IV.

Des droits que les tiers peuvent acquérir sur une source.

———

La source qui sort de mon sol, étant une propriété comme une autre, sera soumise aux principes généraux du droit de propriété. Je puis la céder en tout ou en partie, je puis aussi constituer sur elle des droits réels, un droit d'usage, une servitude... Telle est la conséquence immédiate des principes posés au chapitre II. La source est une chose qui fait partie du fonds où elle jaillit, par conséquent elle est immeuble et soumise à tous les droits qui peuvent affecter un immeuble.

Ce point acquis, il nous faut étudier les différents moyens par lesquels de pareils droits peuvent être constitués, savoir, le titre, la destination du père de famille et la prescription. C'est à cet examen que seront consacrées les trois sections de notre chapitre.

SECTION PREMIÈRE.

Du titre.

Deux questions s'offrent à notre examen : nous avons d'abord à nous demander quel peut être le titre, quelle en est la nature, quels en sont les éléments, puis, ce point éclairci, nous n'aurons plus qu'à en étudier les effets.

I. — Nature du titre.

Le titre en général est tout acte de nature à transférer des droits sur une chose, mais il peut se présenter sous un aspect bien différent : tantôt il émane de la loi elle-même, telle est la vocation successorale de l'héritier légitime en l'absence d'héritiers testamentaires; tantôt c'est un acte unilatéral, comme le testament; tantôt, enfin , c'est l'accord de deux volontés, c'est la convention.

Il peut être à titre gratuit ou à titre onéreux, selon qu'en échange du droit conféré on exige ou n'exige pas une prestation de quelque nature qu'elle soit. Il sera écrit ou verbal, authentique ou sous-seing privé, il disposera pour le présent ou pour l'avenir. Enfin, nous serons souvent en présence d'un ensemble de conventions dans lesquelles la constitution d'un droit sur la source sera ou principale ou accessoire, ou bien encore ce sera un titre spécial à la source, en transférant la propriété, ou constituant sur elle un simple droit réel.

C'est du titre conventionnel que nous avons surtout à nous occuper ici, c'est le seul qui présente de sérieuses difficultés; d'ailleurs, la plupart des règles que nous allons donner s'appliqueront également aux dispositions testamentaires.

Nous rappellerons d'abord que la convention translative de la propriété d'une source ou de tout autre droit constitué sur la source est soumise aux règles générales des contrats. Ainsi elle doit être exécutée de bonne foi et elle ne peut être révoquée que du consentement des parties (article 1134); elle oblige à toutes les suites que l'équité ou l'usage lui donnent (articles 1135 et 1159); dans le doute, elle s'interprète contre celui qui a stipulé (article 1162); elle ne peut nuire aux tiers (article 1165); elle peut être l'objet d'une action Paulienne (article 1167), etc. Remarquons enfin que l'acte sera soumis à transcription, conformément à l'article 2 de la loi du 23 mars 1855.

Si le titre a pour but la constitution d'une servitude, il faudra se conformer aux règles des articles 701 et 702, d'après lesquels celui qui a un droit de servitude ne peut en user que conformément à son titre; le propriétaire du fonds servant ne peut rien faire qui tende à en diminuer l'usage ou à la rendre plus incommode; toutefois, si l'assignation primitive est devenue plus onéreuse à ce dernier, ou si elle l'empêche de faire des réparations utiles, il pourra offrir au propriétaire de l'autre fonds un endroit aussi commode pour l'exercice de ses droits.

Enfin, d'après l'article 695, le titre constitutif de la servitude, à l'égard de celles qui ne peuvent s'acquérir par la prescription, ne peut être remplacé que par un titre récognitif, émané du propriétaire du fonds asservi.

Mais en dehors de ces règles générales il y a un point spécial, qui mérite de fixer l'attention de l'interprète et qui a soulevé d'assez vives controverses. Il s'agit de la valeur à attribuer aux titres anciens antérieurs à la Révolution de 1789.

Deux systèmes sont en présence : le premier, défendu par Pardessus, prétend que les possesseurs d'usines ou de moulins antérieurs à 1789, établis par les seigneurs féodaux ou par des particuliers avec leur autorisation, ont, par cela seul, acquis par titre des droits à la jouissance de l'eau. Telle était l'opinion du ministre de l'intérieur de 1804, rapportée par Pardessus. Répondant à quelques questions du préfet de Loir-et-Cher, il s'exprimait ainsi : « Vous ne pourriez faire supprimer sur les « petits cours d'eau que ceux des moulins ou usines re- « connus nuisibles qui ne seraient pas fondés en titre; « car, pour les autres, dont la propriété est fondée, il « n'est intervenu à ce sujet aucune décision, et tout au « plus on doit présumer que leur destruction pourrait « être provoquée, en observant les formalités prescrites, « dans le cas où un particulier est tenu de céder sa pro- « priété pour cause d'utilité publique. Mais il importe de « déterminer ce qu'on entend par un moulin dont la « propriété est fondée en titre; et je suis d'avis que l'on « doit regarder comme tels tous ceux qui existaient avant « 1790, en vertu de permissions légales, ou dont l'exis- « tence sans trouble avait et a acquis le temps de la pres- « cription. »

Le second système, soutenu par la plupart des auteurs, se refuse à voir là un titre. C'est l'opinion qui nous semble préférable. Si le seigneur féodal avait concédé le droit d'établir une usine ou un moulin en tant que propriétaire de la source, il est évident que le titre ayant opéré cette concession devrait être respecté; c'est le droit commun et rien n'autorise à y déroger. Mais telle n'est pas l'hypothèse sur laquelle nous raisonnons; il s'agit d'un seigneur féodal qui, en tant que seigneur, a accordé à un riverain l'autorisation d'établir une usine sur un cours d'eau; peut-on voir là un titre? Assurément non; le seigneur n'a pu agir que dans la limite de ses pouvoirs, et son pouvoir n'allait pas jusqu'à anéantir un droit aussi incontestable, même à cette époque, que le droit du propriétaire de la source; un pareil acte était l'équivalent des autorisations que peut donner aujourd'hui l'autorité administrative et il serait singulier de prétendre qu'en dehors des cas de prescription que nous étudierons plus loin, une pareille autorisation puisse conférer un droit à l'encontre du légitime propriétaire de la source.

La conclusion à tirer de tout ceci, c'est que, toutes les fois qu'on sera en présence d'un titre ancien, il faudra examiner avec soin si la concession a été faite par le seigneur en tant que seigneur féodal, ou bien en tant que propriétaire de la source. Dans le premier cas, il n'y a pas réellement titre; dans le second, au contraire, le droit du propriétaire de la source a été irrévocablement aliéné [1].

C'est là la conséquence de ce principe qu'un droit ne peut être constitué sur une chose que par son propriétaire ou celui qui en a reçu mandat. En voici une autre conséquence : des propriétaires inférieurs se sont partagés la jouissance des eaux; l'acte de partage, parfaitement valable entre eux, ne sera jamais opposable au maître de la source, *res inter alios acta...* Il est vrai que Pardessus donne une solution différente dans le cas où le partage aurait été homologué par un tribunal. Mais nous ne saurions l'admettre; c'est toujours une application abusive de ce fameux article 645 que nous avons rencontré si souvent sur notre route dans le cours de cette étude. Les tribunaux, pas plus que l'administration, n'ont le pouvoir

---

(1) Henri Nadault de Buffon, *Traité des eaux de sources*, ch. III, sect. 1, § 1. — Demolombe, *Servitudes*, t. I. no 72. — Daviel, t. III, no 768. — Contrà Pardessus, *Des servitudes*, t. I, no 94 et 95.

de restreindre les droits du propriétaire de la source en dehors des cas prévus par la loi.

Enfin, il y a une confusion que le juge chargé d'apprécier le titre devra soigneusement éviter. Dans tout ce chapitre et dans les suivants nous nous plaçons au point de vue des restrictions qui peuvent être légitimement apportées au droit du propriétaire de la source. Aussi, quand on se trouve en présence d'un titre, faut-il examiner si on se trouve bien en présence d'une restriction de ce genre, ou si, au contraire, ce n'est pas le maître de la source qui a acquis une servitude sur le fonds inférieur. Pour cela, les termes du titre devront être pesés avec la plus grande attention, et il faudra tenir compte de toutes les circonstances qui, en cas d'ambiguïté, pourront révéler la véritable intention des parties.

II. — Effet du titre.

L'effet du titre sera souvent très-facile à déterminer, mais souvent aussi l'interprète se trouvera en présence des plus sérieuses difficultés quand il s'agira de savoir de quels droits le cédant a entendu se dessaisir, quels droits au contraire il a prétendu se réserver. Y a-t-il transfert de propriété? Y a-t-il constitution d'une servitude? Y a-t-il concession d'un simple droit d'usage, et, dans ce dernier cas, la concession est-elle pleine et entière ou partielle? Voilà autant de questions fort délicates.

Prenons successivement ces différentes hypothèses :

I. *Translation de propriété.* — Ce transfert peut s'opérer de deux façons différentes; ou bien je vends mon immeuble avec la source qu'il renferme; ou bien j'aliène tout ou partie de la source en me réservant l'immeuble, et, dans le cas d'aliénation partielle, le reste des eaux. Quelle que soit l'hypothèse, l'effet est le même; l'acheteur se trouve subrogé à tous les droits du vendeur. Comme lui, il pourra faire de la source tel usage que bon lui semblera, à la condition de ne pas en corrompre les eaux; comme lui, il pourra la retenir ou la dériver; comme lui enfin, il aura droit à la servitude d'écoulement sur les fonds inférieurs. Voilà le principe, mais dans l'application, des difficultés se sont présentées.

En effet, la concession peut être faite au propriétaire immédiatement inférieur, mais elle peut être faite aussi à un tiers; c'est ce qu'a décidé avec raison la Cour de cassation. « Il importe peu, dit-elle, que l'acquéreur ou « le cessionnaire soit ou non voisin immédiat du proprié- « taire de la source (1). » Très-simple dans le premier cas, la question donne lieu à de sérieuses controverses dans le second.

Si les eaux suivent leur cours naturel, pas de difficultés; mais, s'il y a eu précédemment une servitude d'aqueduc consentie par un propriétaire inférieur au profit du maître de la source, le propriétaire du fonds pourra-t-il se plaindre de ce que les eaux ont été détournées de leur destination primitive?

Non, en principe; pour qu'il y eût lieu à plainte, il faudrait qu'un préjudice eût été porté à ce fonds, que la servitude d'aqueduc devînt plus onéreuse pour lui : « Celui dont le fonds est grevé d'une servitude de con- « duite d'eau destinée à l'irrigation des fonds inférieurs « n'est pas fondé à se plaindre de ce que les eaux, après

(1) Cass., 22 mai 1854. D., 54. 1. 301.

« avoir traversé sa propriété, seraient employées à l'ar-
« rosement de fonds autres que ceux auxquels elles
« étaient primitivement destinées, alors que de ce chan-
« gement de destination ne résulte aucune aggravation
« de servitude pour le fonds servant, soit quant au vo-
« lume de l'eau qui le traverse, soit quant aux travaux
« nécessaires pour en faciliter le passage [1]. »

Le cessionnaire pourra-t-il invoquer la loi de 1845 sur les irrigations et exercer le droit de servitude créé par les articles 1 et 2 de cette loi? Incontestablement oui; les termes de la loi sont aussi généraux que possible : « Tout propriétaire qui voudra se servir, pour l'irriga- « tion de ses propriétés, des eaux naturelles ou artifi- « cielles dont il a le droit de disposer... »

L'article 2 est d'une application aussi certaine.

Nous arrivons à une question plus grave qui a vive- ment préoccupé les interprètes et sur laquelle la Cour de cassation a rendu d'importants arrêts. Voici l'hypothèse : Le cessionnaire possède un fonds dans lequel il veut amener les eaux qui lui ont été vendues, pourra-t-il se servir à cet effet du lit des ruisseaux ou rivières qui tra- versent les fonds intermédiaires? Pourra-t-il exiger à la sortie de ces fonds la quantité d'eau qu'il a achetée au cédant? La jurisprudence a résolu la question par une distinction; elle a dit : Si l'eau ainsi achetée ne se con- fond avec aucune autre eau, le droit du cessionnaire est évident, par exemple si le lit dont il se sert est des- séché, ou bien si le ruisseau ne reçoit aucun affluent dans son passage à travers le fonds inférieur. Il n'en sera plus de même dans le cas contraire : en laissant couler l'eau sur le fonds inférieur, le cessionnaire a perdu son droit

(1) Cass., 23 avril 1856. S., 56. 1. 575.

exclusif et il ne peut plus la reprendre que dans l'état où elle lui arrive.

Telle est la doctrine sanctionnée par une jurisprudence constante. Nous ne rappellerons qu'une affaire, celle de l'étang des Moines : « Attendu, disait le tribunal d'Au-« busson, que le propriétaire des eaux d'une source a le « droit d'en disposer au profit exclusif d'un riverain infé-« rieur; que l'étang est, comme la source, le *caput aquæ,* « *aqua viva quæ portio agri videtur;* que ce droit de dis-« position absolue ne cesse que par un abandon volon-« taire du propriétaire des eaux à la communauté néga-« tive ou par des actes d'appropriation de la part des « tiers au moyen d'une jouissance légale privée; que les « eaux d'une source ou d'un étang transmises à un rive-« rain par convention sans jamais avoir été livrées à leur « cours naturel, n'ont pas le caractère légal d'eaux pu-« bliques et courantes, et que le riverain auquel elles ont « été cédées et vendues a seul le droit de s'en servir à « l'exclusion des autres riverains qui ne peuvent exercer « sur elles aucun droit de riveraineté. »

L'affaire vint devant la Cour de cassation qui confirma le jugement d'Aubusson et admit expressément la distinc-tion posée plus haut : « Attendu que l'eau de l'étang des « Moines est une eau privée qui a pu faire l'objet d'un « marché légitime, qu'il importe peu dans l'état des faits « que, pour arriver au moulin de l'acheteur, elle emprun-« tât le lit desséché de la Vouize, puisqu'elle ne s'y mê-« lait à aucune autre eau et qu'elle n'y coulait pas par « l'effet d'une cause naturelle et permanente dans un « intérêt général ou pour un usage public [1]. »

(1) Aubusson, 3 août 1858. Cass., 21 juin 1859. S., 59. 1. 661 Sic *Massé sur Zachariæ,* t. II, § 318.

Pour nous, la solution à donner dépend de cette autre question qui divise depuis si longtemps les interprètes : « Le lit d'un cours d'eau qui n'est ni navigable ni flot- « table appartient-il aux riverains, ou bien constitue-t-il « une *res nullius?* » Si on admet, avec un grand nombre d'auteurs et quelques arrêts, que le lit de ces cours d'eau appartient aux riverains, nous ne voyons pas comment on pourrait soutenir la distinction proposée par la Cour de cassation.

En effet, de deux choses l'une, ou bien moi cessionnaire je laisse suivre aux eaux leur cours naturel et alors, si elles empruntent le lit desséché d'une rivière, je puis les reprendre à la sortie du fonds inférieur, mais seulement dans l'état où elles se trouvent; ou bien par des travaux faits de main d'homme, je la dirige dans ce lit et alors les riverains, qui ne m'ont pas concédé de servitude d'aqueduc, ont le droit de s'y opposer, en se basant sur ce que le lit de la rivière, propriété privée, ne saurait être soumis à aucune servitude, en dehors de la convention des parties ou de la loi.

Mais si le lit du fleuve est une *res nullius,* la distinction proposée par la Cour de cassation n'a rien d'inadmissible, sauf toutefois le droit de réglementation que l'administration a sur les *res nullius* (1).

Le cessionnaire aura-t-il le droit de céder à son tour le droit de propriété qu'il a acquis sur la source à un nouveau cessionnaire? Incontestablement; cette ques-

---

(1) Ce n'est pas ici le lieu de discuter la grosse question de la propriété des rivières non navigables ; qu'il nous suffise de dire que nous nous rallions complètement à la doctrine qui prétend voir une *res nullius* dans le lit aussi bien que dans les eaux de la rivière non navigable. Dans ces conditions, la distinction admise par la Cour de cassation

tion, très-discutée dans d'autres hypothèses que nous verrons plus loin, ne souffre pas la moindre difficulté au cas présent.

II. *Constitution d'une servitude ou d'un droit d'usage.* — Nous ne saurions examiner ici les innombrables difficultés que soulève dans la pratique la constitution des droits de servitude et d'usage sur les eaux de source. C'est du domaine du fait et non du domaine du droit. Toute notre tâche doit se borner à indiquer les principes généraux qui dominent la matière.

Si le titre détermine avec précision la quantité d'eau à laquelle donne droit la servitude ou l'usage, pas de difficultés. Le fonds dominant, dans un cas, l'usager, dans l'autre, auront droit à cette quantité et rien qu'à cette quantité. Le propriétaire de la source pourra donc disposer du surplus et en faire l'objet de nouvelles concessions.

Si le titre est muet, le juge devra s'inspirer des circonstances, de la situation des lieux, de l'emploi qui est fait de l'eau, des nécessités du fonds dominant et de celles du fonds servant pour déterminer la quantité d'eau qui doit être livrée et pour régler les contestations qui s'élèveraient à cet égard, soit entre le cédant et le cessionnaire, soit entre les différents cessionnaires. Il ne faut pas en conclure toutefois que le juge ait un pouvoir absolument discrétionnaire; il y a un élément qui doit toujours inspirer sa décision, c'est l'intention tacite ou présumée des parties.

nous semble assez juridique. Contrà Henri Nadault de Buffon, *Traité des eaux de source*, chap. III, sect. 1, § 3. Il est vrai que M. Nadault de Buffon est partisan du système qui attribue aux riverains la propriété du lit du fleuve; dans ces conditions, les conséquences qu'il en tire sont fort logiques.

Remarquons en outre que les conventions de cette nature sont toujours pour les propriétaires inférieurs *res inter alios acta*. Si l'usager ou le maître du fonds, au profit duquel a été établie une servitude, veut faire passer les eaux concédées sur les fonds intermédiaires, il devra obtenir des propriétaires de ces fonds une servitude d'aqueduc; à moins qu'il ne la prescrive dans les cas où cette prescription est possible.

Nous avons reconnu, tout à l'heure, que si la concession portait sur la propriété même des eaux, le concessionnaire pouvait, sans aucun doute, céder à son tour les droits qu'il avait acquis. Que faut-il décider, si la concession ne comporte qu'un droit de servitude ou d'usage? La solution sera diamétralement opposée. Nous savons, en effet, que la servitude est établie sur un fonds au profit d'un autre fonds : son caractère réel fait qu'elle est inséparable du fonds. On peut y renoncer d'une façon absolue : il est impossible de la céder sans céder en même temps le fonds. Pour l'usage, il en est de même, mais pour un motif différent. C'est un droit essentiellement attaché à la personne et, en vertu de l'article 631, l'usager ne peut ni céder, ni louer son droit. Nous devons cependant reconnaître que ce n'est pas l'opinion unanime des auteurs. M. Nadault de Buffon soutient que le cessionnaire, quelle que soit la nature des droits qu'on lui a concédés, peut toujours les rétro-céder. Il est vrai qu'il ne donne à l'appui de son système que cet argument qui n'en est pas un : « Il n'est pas « douteux que la faculté de concéder tout ou partie de « la source, étant afférente aux droits du propriétaire, « il a pu la transmettre à un tiers qui sera fondé à « l'exercer à son tour, pourvu que cette faculté ne lui

« soit pas interdite par le contrat [1]. » Le savant auteur fait là une confusion évidente : il n'y a pas que le contrat qui puisse enlever au cessionnaire cette faculté, il y a encore la loi, si la nature du droit concédé s'oppose à sa transmission. De deux choses l'une : ou le propriétaire de la source a voulu transférer la propriété totale ou partielle de ses eaux, et alors le droit concédé sera transmissible. Ou bien, au contraire, il a voulu constituer une servitude, un droit d'usage, et alors la loi s'oppose à sa transmissibilité. L'intention du cédant... Tout est là : ce sera souvent un point de fait difficile à élucider, mais, une fois cette intention déterminée, la solution en droit n'est pas douteuse [2].

SECTION II.

Destination du père de famille.

Quand une personne a établi entre deux héritages, qui lui appartiennent, un rapport de dépendance et que, pour un motif ou pour un autre, ces deux héritages passent dans des mains différentes, la servitude subsiste indépendamment de toute convention, pourvu qu'elle soit continue et apparente. C'est ce qu'on appelle la des-

(1) Nadault de Buffon, ch. III, sect. 1, § 3.
(2) Telle était déjà l'opinion des anciens auteurs, Pothier, Cœpolla, Dumoulin, Bretonnier, et elle a été suivie par presque tous les interprètes modernes qui se sont préoccupés de la question.

tination du père de famille. Par suite, dès que cette double condition d'apparence et de continuité se trouve réunie, la partie qui invoque une servitude n'a plus que deux choses à prouver, que les deux héritages ont primitivement appartenu à un même propriétaire, et que c'est lui qui les a mis dans l'état de dépendance où ils se trouvent. Cette preuve faite, la servitude est inattaquable.

Convient-il d'appliquer ces principes aux eaux de source et faut-il admettre qu'on puisse invoquer sur elles une servitude en vertu de la destination du père de famille?

Le doute vient de l'article 641, qui ne parle que du titre et de la prescription. Aussi a-t-on soutenu parfois que ce mode d'établissement des servitudes n'était pas applicable aux sources, ou que tout au moins il fallait apporter un commencement de preuve par écrit. Mais cette opinion est aujourd'hui unanimement rejetée par la doctrine et la jurisprudence. Un arrêt de la chambre civile du 30 juin 1841 a posé très-nettement les principes à ce sujet : « Attendu que, suivant l'article 692, la des-
« tination du père de famille vaut titre pour les servi-
« tudes apparentes et continues, lesquelles peuvent d'ail-
« leurs s'acquérir par la prescription, aux termes de
« l'article 641 ; que ce dernier mode d'acquisition, re-
« latif aux eaux de source et qui est spécialement réglé
« par l'article 641 et l'article 642, n'exclut pas, pour
« lesdites eaux, la destination du père de famille ; qu'en
« effet l'article 692 est général et qu'on n'aperçoit pas
« de raison qui puisse s'opposer à son application,
« lorsque le propriétaire de deux héritages, sur l'un
« desquels il existe une source, a fait ou maintenu des

« travaux apparents pour en transmettre utilement les
« eaux à l'autre héritage (1). »

Tel est le principe que nous nous contentons de poser :
il n'entre pas dans notre rôle d'examiner les nombreuses
difficultés relatives à la destination du père de famille;
nous nous contentons de renvoyer sur ce point aux
traités dans lesquels la matière des servitudes est l'objet
d'un examen général.

SECTION III.

De la prescription.

La prescription acquisitive est applicable aux eaux de
source : les articles 641 et 642 le disent expressément,
mais ils laissent place à bien des questions qui feront
l'objet des paragraphes suivants.

§ I. — Qui peut prescrire?

La règle générale, c'est que tout le monde peut prescrire. La loi a-t-elle apporté quelques restrictions au
principe, quand il s'agit des eaux de source? Delvincourt et Dubreuil l'ont cru : ils ont soutenu en se fondant sur les termes mêmes des articles 641 et 642, que
le propriétaire du fonds inférieur pouvait seul prescrire.
« Art. 641..... Sauf le droit que le propriétaire du fonds
« inférieur pourrait avoir acquis par titre ou par pres-

(1) Dall., J.-G., *Servitudes*, n° 142.

« cription. — Art. 642... A compter du moment où le
« propriétaire du fonds inférieur a fait et terminé des
« ouvrages apparents. » La loi ne parle que du propriétaire du fonds inférieur, ont dit les auteurs cités plus
haut, donc il n'y a que lui qui puisse prescrire.

Nous avons déjà repoussé cette doctrine pour le titre ;
nous la repoussons également pour la prescription et
par les mêmes motifs. Le législateur s'est servi d'un
terme consacré, de celui qu'il emploie habituellement,
mais rien n'indique qu'il ait prétendu lui donner un sens
restrictif. Les arguments grammaticaux ont toujours peu
de valeur ; ici particulièrement ils se heurtent au principe général admis en matière de servitudes : aussi nous
comprenons parfaitement que la jurisprudence et les
auteurs les plus considérables n'aient pas hésité à repousser cette doctrine (1). Le propriétaire le plus éloigné
peut prescrire ; bien plus, il n'est même pas nécessaire
qu'il soit riverain.

§ II. — Comment prescrit-on ?

L'article 642 l'indique en ces termes : « La prescrip-
« tion, dans ce cas, ne peut s'acquérir que par une
« jouissance non interrompue pendant l'espace de trente
« années, à compter du moment où le propriétaire du
« fonds inférieur a fait et terminé des ouvrages appa-
« rents destinés à faciliter la chute et le cours de l'eau
« dans sa propriété. » Tel est le texte ; pesons-en bien

(1) Notamment Pardessus, T. I, n° 101. Demolombe. T. I, n° 81.
H. Nadault de Buffon, ch. IV, sect. 3, § 1.

tous les termes et cherchons à déterminer dans quelles limites précises il s'écarte du droit commun. La prescription acquisitive est fondée sur la possession ou la quasi possession, et, pour qu'il y ait prescription, l'article 2229 n'exige qu'une chose, que cette possession ou cette quasi possession soit continue et non interrompue, paisible, publique, non équivoque et à titre de propriétaire. Et l'article 2230 le complète en disant qu'on est toujours présumé posséder pour soi et à titre de propriétaire, s'il n'est prouvé qu'on a commencé à posséder pour un autre. Ces règles générales s'appliquent évidemment à la prescription en matière de sources, mais l'article 642 exige quelque chose de plus. Il faut des ouvrages apparents destinés à faciliter la chute et le cours de l'eau, et la prescription ne court que du jour où le propriétaire inférieur les a faits et terminés. C'est là le point capital : le législateur ne se contente pas d'actes de possession, quels qu'ils soient, il précise, il indique limitativement quels actes peuvent servir de base et de point de départ à la prescription.

Il faut d'abord des ouvrages apparents, et c'est à juste titre que les tribunaux ont décidé que des travaux souterrains destinés à la conduite de l'eau ne suffisaient pas pour entraîner prescription, s'ils ne se révélaient par quelque signe extérieur. Sur ce point les tribunaux sont souverains et nous trouvons dans la jurisprudence une foule de décisions qui peuvent être utilement invoquées dans des hypothèses analogues. Pour ne citer qu'un exemple, c'est ainsi que la Cour de cassation a décidé qu'il suffit que le canal souterrain ait été construit de main d'homme et que ce canal apparent à l'entrée du fonds inférieur n'ait pu y être construit que dans le but d'y introduire les eaux, pour que la possession de ce canal puisse servir de base à la prescription [1].

Notre article n'exige pas cependant des travaux de maçonnerie, il est général, et des ouvrages en bois, une tranchée, une simple rigole, une levée en terre ou en gazon peuvent parfaitement suffire, pourvu qu'ils aient été établis dans des conditions d'apparence et de durée que les tribunaux apprécieront, d'après le fonds sur lequel ces ouvrages ont été pratiqués [2].

Il n'y a même pas besoin d'un ouvrage au sens propre du mot; une brèche dans le mur du voisin, si elle est visible, sera considérée comme rentrant dans les conditions exigées par l'article 642 [3].

On s'est demandé si une vanne mobile arrêtant le cours de l'eau à certains moments constituait bien un ouvrage apparent. La Cour de cassation s'est prononcée pour l'affirmative à différentes reprises [4].

Par contre on a décidé avec beaucoup de raison que le curage des ruisseaux ne pouvait servir de fondement à la prescription [5].

Nous avons déjà vu ce qu'il fallait entendre par « le propriétaire du fonds inférieur. » Il importe de préciser maintenant le sens de ces mots « faits et terminés. » Il

(1) Cass., 13 avril 1830. Dall., J. G., *Servitudes*, n° 154.

(2) Bordeaux, 5 juillet 1838. Dall., J. G., *Servitudes*, n° 153; Cass., 27 janv. 1845. D. P., 45. 1. 145. Pau, 2 mai 1857. D. P., 57. 2. 139.

(3) Montpellier, 20 mai 1846. D. P., 46. 2. 140.

(4) Cass., 23 avril 1856. J. P., 56. 2. 602.

(5) Bourges, 11 juin 1828, J. G., *Servitudes*, n° 156. Daviel admet un correctif et il enseigne que « le curage pourrait avoir été accompa- « gné de circonstances tellement caractéristiques, qu'il porterait en « lui-même l'indice d'une possession contradictoire et hautement re- « connue au profit du propriétaire inférieur. » (T. III, n° 774.) Ce

ne faudrait pas s'en exagérer la portée ; il n'est certainement pas indispensable que les ouvrages soient terminés au sens technique du mot, mais il faut qu'ils soient tellement avancés qu'ils puissent produire immédiatement l'effet qu'en attendait le propriétaire, il faut qu'ils puissent, aux termes de la loi, faciliter la chute et le cours de l'eau ; mais dès que ce but se trouve rempli, l'ouvrage est réputé terminé.

« ... Faits et terminés par le propriétaire inférieur... » Et cela exclut tout ouvrage naturel où la main de l'homme ne serait pour rien. Cela exclut également les ouvrages exécutés par le maître de la source, alors même qu'ils le seraient dans l'intérêt du propriétaire inférieur.

Mais comment le propriétaire inférieur prouvera-t-il que c'est lui ou son auteur qui a fait et terminé les ouvrages ? C'est là un des points les plus délicats de la matière.

La jurisprudence est très-large : elle n'hésite pas à appliquer l'adage : *is fecit cui prodest*, et à en conclure qu'en l'absence de toute preuve, les travaux sont présumés accomplis par celui auquel ils sont avantageux. Un arrêt de Cassation du 1er décembre 1856 pose très-nettement le principe : « Les travaux apparents, établis sur le « fonds d'autrui, sont présumés faits par celui auquel ils « profitent, ou par ses ordres, ou dans son intérêt, « spécialement les travaux faits sur le fonds où naît une « source, pour en diriger les eaux dans un héritage infé-

tempérament est inadmissible. Quelque répété qu'il soit, quelque inconvénient qu'il en résulte pour le propriétaire supérieur, le curage ne constitue jamais qu'un fait intermittent, ne se révélant par aucun signe extérieur ; il manque donc du double caractère exigé pour la prescription des eaux de source, la continuité et l'apparence.

« rieur sont réputés faits par le propriétaire de ce der-
« nier héritage, et, par suite, peuvent servir de base à la
« prescription [1]. »

Nous éprouvons quelque scrupule à admettre une doctrine aussi élastique, quoiqu'elle ait été adoptée par des
auteurs considérables [2]. Tout ce qui concerne les servitudes est de droit étroit, la liberté des héritages est la
règle, et c'est à celui qui invoque un droit contraire à le
prouver; de simples indices ne sauraient suffire. Au
moins ces auteurs exigent-ils que les travaux soient dans
l'intérêt exclusif du propriétaire inférieur. C'est ce que
semblent bien indiquer MM. Aubry et Rau : « Dans le
« cas où l'ancienneté des travaux ne permet plus d'en
« reconnaître l'auteur, les tribunaux pourront admettre
« qu'ils ont été exécutés par le propriétaire inférieur, s'il
« était évident qu'ils ont été établis dans son intérêt
« exclusif. » Mais la jurisprudence, dans des arrêts ré-
cents, a été encore plus loin dans cette voie et il lui
suffit que les travaux profitent surtout au propriétaire
inférieur. C'est ce qui résulte, malgré quelques contra-
dictions dans les termes, d'un arrêt de la Cour de Montpellier du 26 août 1878. La Chambre des requêtes, en
rejetant le pourvoi formé contre cet arrêt, adopta ses
principaux motifs [3].

Nous arrivons maintenant à une question particulièrement grave, qui divise depuis longtemps la doctrine et la
jurisprudence : les travaux peuvent-ils être exécutés in-
différemment sur le fonds supérieur ou sur le fonds in-

----

(1) Cass., 1 déc. 1856. D. P., 57. 1. 21.
(2) Aubry et Rau, t. III, § 244, n° 1. Demolombe, t. I, n° 78.
(3) Montpellier, 26 août 1878. Cass., 16 déc. 1879. D. P., 80. 1. 152.

férieur? Ou bien doivent-ils nécessairement être exécutés, au moins en partie, sur le fonds supérieur? Presque tous les auteurs admettent que les travaux peuvent être exécutés sur l'un ou l'autre des deux fonds; une jurisprudence unanime exige au contraire que les travaux entament le fonds supérieur, et M. Demolombe a donné à cette opinion l'appui de sa haute autorité.

Voyons donc les arguments que l'on invoque de part et d'autre :

Le premier système met d'abord en avant des considérations générales d'une haute gravité. La prescription sera très-difficile pour ne pas dire impossible, si l'on exige que les travaux portent sur le fonds supérieur. Quel est le propriétaire assez insensé pour laisser exécuter sur son propre fonds des travaux destinés à le frustrer de son droit exclusif sur les eaux de la source? De plus, c'est réserver ce mode d'acquisition au propriétaire immédiatement inférieur, car, s'il est à la rigueur possible que le maître de la source laisse un voisin effectuer chez lui des travaux destinés à en faciliter l'écoulement, il serait absolument déraisonnable d'admettre qu'il usera de la même condescendance vis-à-vis d'un tiers quelconque. D'ailleurs, ajoute-t-on, les ouvrages destinés à procurer au propriétaire inférieur l'utilité qu'il voudrait retirer des eaux ne sont guère susceptibles d'être exécutés sur le fonds où naît la source. Or, il faut admettre que le législateur a entendu édicter une règle sérieuse et qu'il n'a pas eu en vue des hypothèses absolument chimériques. Enfin, dans le même ordre d'idées, on fait valoir, non sans raison, l'intérêt général. Les propriétaires inférieurs, spéculant sur la tolérance du maître de la source, ont édifié des moulins, des usines, qui sont une source de prospérité pour toute une contrée. Qu'une dérivation survienne et tout cela va disparaître, au grand préjudice des propriétaires, et, ce qui est plus grave encore, de la région tout entière... Ne pourra-t-on pas prévenir le désastre en invoquant la prescription trentenaire ?

Sur le terrain juridique, ce système n'a qu'un argument, mais il est impossible d'en contester la force. Cet argument est tiré des travaux préparatoires.

L'article 641 ne renfermait primitivement que cette seule disposition : « Celui qui a une source dans son « fonds peut en disposer à sa volonté. »

Monsieur Berlier proposa alors de le compléter ainsi : « Sans préjudice néanmoins des droits du propriétaire de « l'héritage inférieur, quand il aura reçu l'eau de cette « source pendant un temps suffisant pour en prescrire « l'usage. » Cet amendement, qui est l'origine des dispositions actuelles, fut vivement combattu par Treilhard, qui, chose curieuse, objecta immédiatement le principe fondamental de la prescription, sur lequel s'appuie encore aujourd'hui la jurisprudence. Voici les termes du procès-verbal : M. Treilhard répond « que, pour pres- « crire, il faut posséder *animo domini;* or, le proprié- « taire du fonds inférieur ne peut ignorer que la source « de l'eau qui traverse sa propriété ne lui appartient pas. « Cette source est à celui qui possède le terrain où elle « se trouve, lui seul a le droit d'en user. S'il lui laisse « un cours, il n'en résulte pas qu'il ait entendu donner « un droit au propriétaire inférieur. » L'objection est très-juridique, et pourtant elle n'arrête pas les partisans de l'amendement. M. Berlier dit que « bien que les eaux « soient une propriété, on ne peut pas dissimuler que

« cette propriété est d'une espèce toute particulière. Si,
« pendant plus de trente ans, le propriétaire a laissé à
« sa source un cours servant aux héritages inférieurs,
« ne serait-ce pas porter un grand préjudice à ceux-ci
« que de supprimer ou détourner ce cours, surtout s'il
« y a eu des ouvrages faits en considération de cet état
« de choses. »

Et Regnaud de Saint-Jean d'Angély ajoute : « L'usage
« a établi que la propriété des eaux s'acquiert par la
« jouissance toutes les fois qu'il a été fait dans le fonds
« inférieur des constructions pour en profiter. »

Enfin Malleville exprime la même idée : « Le temps
« seul n'affaiblit pas les droits du propriétaire d'une
« source; ce principe ne reçoit d'exception que dans le
« cas où, indépendamment de la possession, le proprié-
« taire du fonds inférieur a fait depuis trente ans des
« ouvrages pour l'usage des eaux. On a fort bien dit que
« la propriété des eaux est d'une nature particulière. »

A la suite de cette discussion, la rédaction suivante fut
adoptée :

« Article 637. Il (le maître de la source) ne peut changer le cours donné à l'eau, lorsque le propriétaire du
fonds inférieur en a acquis l'usage ou par titre ou par
une possession suffisante. »

« Article 638. La prescription, dans ce cas, ne peut
s'acquérir que par une jouissance de trente années à
compter du moment où le propriétaire inférieur a fait
et terminé des ouvrages extérieurs, destinés à faciliter
la chute et le cours de l'eau dans sa propriété. »

Les articles arrivèrent au tribunat : là, on discuta la
question qui nous occupe en ce moment; le procès-verbal expose même avec beaucoup de détails les deux

systèmes, et il se termine par ces mots qui semblent décisifs : « On a conclu de là qu'il suffisait, dans l'es-« pèce, que les ouvrages extérieurs fussent faits sur le « fonds du propriétaire inférieur, ou partout ailleurs « que sur le fonds du propriétaire de la source. Cette « dernière opinion a prévalu, et, vu les difficultés que « le mot extérieur pourrait faire naître sur le sens qu'il « doit avoir ici, la section pense qu'il convient d'y subs-« tituer le mot apparent [1]. »

En présence des termes si formels du procès-verbal de la séance du tribunat, des discussions qui l'ont précédée, des termes généraux de l'article 642, les partisans du premier système pensent qu'on ne saurait hésiter à admettre que les travaux peuvent être exécutés sur n'importe quel fonds. Marcadet va jusqu'à qualifier la doctrine contraire de « violation flagrante de la loi [2]. »

La jurisprudence, sauf un arrêt de Rouen cassé par la Cour de cassation, s'est unanimement prononcée pour le système opposé. Elle s'appuie surtout sur le droit commun en matière de prescription. La prescription suppose la possession de la chose ou du droit d'autrui. Or, le propriétaire inférieur, qui se borne à établir des ouvrages sur son propre fonds, ne possède rien. Le maître de la source pouvait en retenir l'eau, il pouvait lui laisser suivre son cours naturel : il a choisi ce dernier

______

(1) Toute cette discussion est rapportée dans Locré, t. VIII, p. 334 à 340, 353 et suiv.

(2) Aubry et Rau, t. III, § 244; Marcadé, art. 642, n° 2; Demante, t. II, n° 293 *bis*; Pardessus, t I, n° 101; David, *Des cours d'eau*, t. III, n° 974; Delvincourt, t. I, p. 155; Laurent, *Principes de droit civil*, t. VII, n° 203; Rouen, 16 juillet 1857. S., 57. 2. 621 (Arrêt cassé).

parti, c'était son droit. Mais, en quoi le propriétaire
inférieur qui jouit de cette eau, conformément à la loi,
commet-il l'usurpation, fondement nécessaire de la prescription? Il agit *jure domini;* le propriétaire du fonds
supérieur n'aurait aucun droit pour l'empêcher de cons-
truire sur son sol. Pour que la prescription soit possible, il faut nécessairement que le fonds supérieur soit
atteint, que son propriétaire ait un juste sujet de pro-
tester. Les principes en matière de prescription l'exigent absolument. Pour y déroger, il ne suffit pas d'invoquer l'intention du législateur, constatée avec plus
ou moins d'exactitude par le rédacteur des procès-ver-
baux du Conseil d'État et du tribunat, il faudrait un
texte formel. Or, ce texte n'existe pas; le seul qui puisse
être invoqué, l'article 642 ne s'explique pas sur ce point,
précisément parce qu'il s'en réfère au droit commun.
Et, d'ailleurs, cette solution n'est pas seulement conforme à la loi; elle est aussi profondément équitable;
comment exiger, en effet, du maître de la source que,
tous les trente ans, il en suive le cours, afin de voir
si des propriétaires, quelquefois bien éloignés, n'ont pas
exécuté des travaux entraînant prescription. Le système
contraire allègue que la loi serait inapplicable si on
l'adoptait; mais c'est lui qui se heurte à de véritables
impossibilités. En somme, silence du texte sur le point
qui nous occupe, et, par conséquent, application des
principes généraux, tel est tout le second système (1). »

(1) Cass., 5 juillet 1837. Dall., J. C., *Servitudes*, n° 151. 19 ; — Cass.,
15 février 1854. D. P., 54. 1. 141 ; — Cass., 14 novembre 1855. D.
P., 56. 1. 345 ; — Cass., 11 août 1856. D. P., 56. 1. 361 ; — Cass.,
18 mars 1857. D. P., 57. 1. 122, etc. — Demolombe, t. I, n° 79 ; H.
Nadault de Buffon, ch. IV, sect. 2.

Il faut choisir, et nous avouons que notre embarras est grand; nous ne comprenons guère, pour notre part, les vivacités de langage auxquelles on s'est laissé aller de part et d'autre, car, si jamais il a été permis de douter, c'est bien ici. Nous reconnaissons sans peine que le second système est le seul juridique, que, dans la pratique, en présence d'une jurisprudence constante, c'est le seul soutenable. Mais, au point de vue purement doctrinal, tout cela doit-il prévaloir contre l'intention formelle du législateur? Je ne le crois pas. Jamais elle n'a paru plus claire, plus évidente, plus irrésistible que sur ce point; les objections ont été prévues et on y a répondu par avance. Ce n'est pas un vote de surprise, c'est une opinion mûrement réfléchie qui a été adoptée après discussion. Ou bien il n'y a plus qu'à proclamer que l'intention du législateur est un vain mot, il n'y a plus qu'à fermer le livre des travaux préparatoires et à déclarer qu'on n'en tiendra jamais aucun compte dans l'interprétation de la loi; ou bien il faut reconnaître avec la doctrine que le Code renferme ici une grave dérogation aux principes généraux de la prescription. Ceci dit, nous admettons encore une fois que le système de la jurisprudence est beaucoup plus juridique et qu'il a l'immense avantage d'être en parfaite harmonie avec les autres dispositions de la loi. Aussi, n'irons-nous pas jusqu'à prétendre avec un auteur que la Cour de cassation s'assied à côté de la loi ; nous nous contentons d'indiquer nos hésitations et nos scrupules.

Encore deux courtes remarques sur le mode de prescrire. La prescription, aux termes de l'article 642, ne s'accomplira que par le laps de trente ans : ainsi, pas de prescription par dix ou vingt ans s'il y a juste titre et bonne foi. Il faudra toujours trente ans. En second lieu, on s'est demandé s'il fallait appliquer à notre matière l'article 2238, aux termes duquel le vice de précarité se trouve couvert par l'interversion du titre. Nous ne le croyons pas en présence des termes si formels de l'article 642, « la prescription, *dans ce cas*, ne peut s'ac- « quérir que par une jouissance non interrompue pen- « dant l'espace de trente années, *à compter du jour où* « *le propriétaire du fonds inférieur a fait et terminé des* « *ouvrages apparents* (1)..... »

III. — Effet de la prescription.

Le titre peut conférer soit la propriété des eaux de source, soit une servitude, soit un simple droit d'usage. La destination du père de famille est spéciale aux servitudes; quel sera l'effet de la prescription?

Ici encore les auteurs se divisent : M. Demolombe, MM. Aubry et Rau soutiennent que, par la prescription, le propriétaire inférieur ne peut acquérir qu'une servitude de prise d'eau ou un droit d'usage (2). M. Nadault de Buffon assimile la prescription au titre, mais sans donner des raisons bien décisives (3). La Cour de cassation ne semble pas moins affirmative et, dans un arrêt du 25 mars 1867, elle admet que la jouissance trentenaire et exclusive des eaux d'une source par les pro-

---

(1) Demolombe, *Servitudes*, t. I, n° 82; — Daviel, t. III, n° 777; — Pardessus, t. I, n° 194; — Contrà : Aubry et Rau, t. III, § 244; — Troplong, *Prescription*, t. I, n° 113; — H. Nadault de Buffon, ch. IV, sect. 4, § 59.

(2) Demolombe, t. I, p. 84 à 90. — Aubry et Rau, t. III, p. 244.

(3) Nadault de Buffon, ch. IV, sect. 3, § 2.

priétaires inférieurs confère à ces propriétaires sur les eaux dont il s'agit, non-seulement une servitude d'arrosage, mais une véritable propriété, et par conséquent le droit d'en disposer [1].

Nous croyons, quant à nous, que le débat ne porte guère que sur les mots, et qu'en serrant la question de près, il y a moyen de mettre tout le monde d'accord. En principe, les propriétaires inférieurs sont obligés de se transmettre les eaux qu'ils reçoivent après en avoir usé dans les conditions déterminées par la loi (art. 644). Si donc l'un d'eux prescrit à l'égard du propriétaire de la source, il ne prescrit que sous réserve du droit des autres propriétaires inférieurs d'en recevoir les eaux à la sortie de son fonds ; pour eux, c'est *res inter alios acta*, leur droit ne saurait être entamé. A ce point de vue, la prescription ne peut évidemment conférer qu'un droit de servitude et d'usage. Mais, en même temps que le propriétaire inférieur prescrivait à l'égard du maître de la source, il a pu également prescrire vis-à-vis de ceux qui sont au-dessous de lui ; il a pu, par là, s'affranchir de l'obligation où il était de leur transmettre les eaux qui lui venaient du fonds supérieur. Il y a eu alors, en réalité, deux prescriptions absolument indépendantes, prescription acquisitive d'un côté, extinctive de l'autre, qui, en se réunissant, ont pour résultat de rendre le prescrivant maître absolu de la source. Telle est, à nos yeux, a solution juridique de la controverse et, tout en nous rangeant en principe à l'opinion de MM. Demolombe, Aubry et Rau, nous comprenons que la Cour de cassation ait pu décider que la jouissance trentenaire et exclusive

______

(1) Cass., 25 mars 1867. D. 67. 1. 220.

confère non-seulement un droit de servitude, mais une véritable propriété. Il ne s'agit que de bien s'entendre sur les termes.

Dès que cette double condition ne se rencontre pas, le prescrivant n'acquiert qu'une servitude de prise d'eau ou un droit d'usage. Quelle en est l'étendue? Il faut, pour la déterminer, appliquer simplement la règle si connue : « Quantum possessum, tantum prescriptum. » La Cour de cassation en a tiré, avec beaucoup de raison, cette conséquence que, si le propriétaire apparent a prescrit une prise d'eau pour une de ses prairies, il ne peut postérieurement, et sans avoir recours à une nouvelle prescription, en faire bénéficier une autre de ses prairies [1].

Cette même règle détermine, par *a contrario*, les droits qui restent au maître de la source : leur étendue sera variable; il n'aura la faculté d'user de l'eau qu'à la condition de ne porter atteinte à aucun des droits acquis par les tiers.

[1] Cass., 2 juillet 1834.

CHAPITRE V.

Des restrictions apportées au droit du propriétaire de la source dans un intérêt général.

C'est un principe universellement admis que, si la propriété est de droit naturel ; si, dans une société bien organisée, tout doit en assurer le respect, il n'en est pas moins vrai qu'à certaines heures, et moyennant une juste indemnité, ce droit peut être restreint dans l'intérêt de tous. C'est la règle posée notamment par l'article 545 du Code civil, qui prévoit le cas d'expropriation pour cause d'utilité publique.

Comme toute propriété, plus même que toute autre propriété, les sources sont soumises à ces restrictions.

SECTION PREMIÈRE.

De l'expropriation des sources.

Les sources peuvent-elles être expropriées? Il semble *a priori* qu'aucun doute ne puisse s'élever à ce sujet et que les sources soient soumises au droit commun.

Pourtant, comme la question a été soulevée au moment où la ville de Paris a fait ces grandes dérivations auxquelles nous avons déjà fait plusieurs fois allusion, il convient d'en dire un mot.

En fait, le Gouvernement n'a jamais éprouvé la moindre hésitation. Ainsi un décret impérial, du 28 avril 1855, a autorisé le préfet du Finistère à poursuivre, au nom et pour le compte du département de la Marine, l'expropriation, pour cause d'utilité publique, de la source de Kergrach.

Ainsi encore, de 1837 à 1861, pouvons-nous relever quatorze ordonnances ou décrets, rendus en Conseil d'État, qui, après avoir déclaré d'utilité publique des travaux de conduite et de distribution d'eau projetés par diverses villes ou communes, autorisent ces villes à acquérir, soit à l'amiable, soit par voie d'expropriation, les sources, terrains et bâtiments nécessaires à l'exécution de ces travaux (1).

Et, quand il fut question de la dérivation des sources de la Dhuis et de la Vannes, si, par des considérations dont on ne saurait méconnaître la sagesse, l'administration de la ville de Paris préféra traiter à l'amiable, le Gouvernement n'en réserva pas moins, et à plusieurs reprises, son droit d'agir par voie d'expropriation.

Que faut-il en penser au point de vue juridique?

Notre regretté confrère, Mathieu, s'est élevé avec beaucoup de force, dans une dissertation publiée par le journal *le Droit,* contre le pouvoir que s'attribuait le gouvernement. Mais il faut convenir que son argumen-

(1) Ces villes ou communes sont : Dijon, Auxerre, Pierrevert (Basses-Alpes), Rocque-Abric (Vaucluse), la Chapelle-Saint-Kirain (Haute-Loire), Lorient, Metz, Autrain (Ille et Vilaine), Nevers. Fécamp, Saint-Étienne, Cette et Le Puy.

tation était bien peu solide et qu'elle s'appuyait sur de
véritables confusions.

« On l'avouera d'abord, disait M. Mathieu, pour
« qu'une chose soit expropriée, il ne suffit pas que l'uti-
« lité publique y trouve son compte, il faut, et c'est la
« première de toutes les conditions, qu'elle soit expro-
« priable.... »

Et un peu plus loin : « Pour résoudre la question,
« il faut se demander ce qu'est l'expropriation pour cause
« d'utilité publique. Qu'est-ce donc, sinon la translation
« d'une propriété du domaine privé au domaine public,
« une aliénation, en un mot, d'une nature et d'une forme
« particulière... »

Puis, après avoir développé cette idée parfaitement
juste, M. Mathieu en fait à notre matière la plus étrange
application :

« Ceci posé, voyons ce que sont les eaux courantes,
« comme la Somme-Soude, la Dhuis et le Surmelin. Ne
« sont-elles pas évidemment au nombre de ces choses qui
« demeurent dans la communauté négative du genre hu-
« main, *res communes,* que personne ne possède et ne
« peut posséder, qui n'appartiennent à personne et dont
« l'usage est commun à tous, comme le dit l'article 714
« Code Nap....... Ce n'est pas tout, quand on se rend
« compte des droits dérivants de cette communauté né-
« gative, à laquelle ces cours d'eau appartiennent, de
« cet usage commun à tous, et qu'on le rapproche des
« règles de l'expropriation pour cause d'utilité publique,
« on comprend mieux encore, s'il est possible, à quel
« point elle est inapplicable et impraticable. Que dési-
« gnera-t-on dans le plan déposé conformément à l'ar-
« ticle 5 de la loi de 1841, dans le jugement d'expro-

« priation, dans l'extrait publié aux termes de l'arti-
« cle 15? A qui fera-t-on les offres d'indemnité pres-
« crites par l'article 23 (1)? »

Quelle confusion! Que des cours d'eau soient mis à
sec, que les riverains se voient privés des eaux dont ils
ont toujours joui, qu'il y ait là un résultat regrettable,
je le veux bien, mais ce n'est pas là la question. Ce qui
est exproprié ce n'est pas le cours d'eau lui-même, mais
la source, et si le cours d'eau disparaît ce n'est que par
suite de l'expropriation de la source. Mais le propriétaire de la source peut retenir ses eaux, il peut les vendre, et l'État ne pourrait pas les exproprier.... Pourquoi?

Appliquons donc les principes que M. Mathieu posait
lui-même au début de son étude. L'expropriation, disait-
il, c'est la translation d'une chose du domaine privé dans
le domaine public, c'est une aliénation d'une nature
particulière. En quoi ces principes ne sont-ils pas applicables aux sources, qui forment, nous l'avons vu, une
propriété comme toutes les autres?

Il ne faut pas équivoquer : encore une fois, ce qui est
exproprié, c'est la source et non le cours d'eau, et alors
tombent toutes les objections. On n'éprouvera nul embarras, par exemple, pour déterminer ce qui figurera
sur le plan parcellaire, dans le jugement, dans l'extrait... Dès que les choses sont remises à leur place,
toute difficulté disparaît.

C'est ce qu'exprimait très-bien, en quelques mots,
M. Mallet, dans son rapport au Sénat, sur les pétitions de
plusieurs habitants de la vallée de la Dhuis : « Une fois

(1) *Le Droit*, 3 mai 1862.

« l'utilité publique reconnue et déclarée, après les en-
« quêtes, dans les formes prescrites par la loi, qu'il
« s'agisse de l'Etat ou d'une ville, le droit d'acquérir les
« eaux nécessaires, soit à l'amiable, soit par la voie de
« l'expropriation, est la conséquence rationnelle et légi-
« time de cette déclaration. Il faudrait, pour affranchir
« les sources et les cours d'eau de cette loi générale, une
« exception qui n'est écrite nulle part [1]. »

Dans le même travail, M. Mathieu examinait une autre
question relative à l'expropriation des sources, sur laquelle nous aimerions à nous ranger à son avis : malheu-
reusement ici encore nous estimons que la loi condamne
absolument la théorie ingénieuse qu'il émettait à la suite
de nombreux pétitionnaires de la vallée de la Somme-
Soude. Se plaçant dans le système généralement suivi qui
admet l'expropriation des sources, M. Mathieu déniait à la
ville de Paris le droit d'aller exproprier des sources hors
du département de la Seine. « L'utilité publique, disait-il,
« n'est pas d'une seule espèce, quoique un seul mot serve
« à l'exprimer. Il y a l'utilité publique communale, limi-
« tée à cette agglomération de territoire, d'intérêts, qu'on
« appelle une commune ; il y a l'utilité publique dépar-
« tementale ; il y a enfin l'utilité publique générale, col-
« lective, qui s'étend à l'État, à l'Empire tout entier. Eh
« bien ! à chacune de ces utilités publiques spéciales,
« différentes l'une de l'autre, correspond, en quelque
« sorte, une expropriation spéciale aussi, dont la sphère
« d'action a pour limite nécessaire l'intérêt auquel elle
« s'applique. Comme conclusion, la commune ne peut
« exproprier hors de la commune, le département hors

____

[1] Séance du 14 mai 1862. — *Moniteur* du 15 mai.

« du département; l'État seul a le droit d'exproprier
« dans toute l'étendue du territoire français. »

Il y a là sans doute quelque exagération; mais n'est-il
pas abusif aussi qu'une ville puisse, dans son seul intérêt,
exproprier des sources ou toute autre propriété, à une
grande distance, dans des régions qui ne retireront aucun
avantage de l'expropriation, qui verront peut-être, au
contraire, des vallées jadis fertiles se dessécher et perdre
toute leur richesse. Il y a là des considérations d'une
haute gravité, d'une gravité telle que, tout en affirmant
son droit, le Gouvernement dut précisément céder devant
les énergiques protestations des habitants de la vallée de
la Somme-Soude. Mais, si graves soient-elles, il nous
semble que les termes généraux de la loi ne permettent
guère de restreindre ainsi le droit d'expropriation. Il est
général, il est absolu; la théorie de M. Mathieu peut être
soutenue; en l'adoucissant un peu, on pourrait utilement
la faire passer dans la loi, mais, en attendant, il faut bien
reconnaître qu'elle est absolument contraire aux principes
consacrés par toutes les lois sur l'expropriation pour
cause d'utilité publique.

Ainsi, en ce qui touche l'expropriation, aucun doute :
il n'y a qu'à appliquer les principes généraux aux eaux
de source. Nous allons, au contraire, sortir complètement
du droit commun, en passant à d'autres restrictions
apportées au droit du propriétaire de la source.

SECTION II.

Droit des communautés d'habitants.

L'article 643 du Code civil est ainsi conçu : « Le pro-
« priétaire de la source ne peut en changer le cours,
« lorsqu'il fournit aux habitants d'une commune, village
« ou hameau, l'eau qui leur est nécessaire; mais, si les
« habitants n'en ont pas acquis ou prescrit l'usage, le
« propriétaire peut réclamer une indemnité, laquelle est
« réglée par experts. »

Tel est le principe bien simple posé par l'article 643.
Il nous faut en déterminer exactement la sphère d'application et examiner quelles sont les conséquences qui en
découlent.

§ I. — Dans quel cas l'article 643 est-il applicable?

La première condition, semble-t-il, pour que notre
article soit applicable, c'est qu'il s'agisse d'eaux courantes : « Le propriétaire de la source ne peut en chan-
« ger le cours... » Les premiers interprètes du Code ont
cependant admis une autre doctrine. Ainsi Duranton n'a
pas craint de généraliser l'article 643 en l'appliquant
aux citernes, aux mares, aux étangs. Telle est également
l'opinion de Delvincourt et de Taulier, et un arrêt de
Cassation de 1822 l'a même consacrée [1]. Il est vrai

[1] Duranton, t. V, n° 191. — Delvincourt, t. I, note 1, p. 156. —
Taulier, t. II, p. 366. Cass., 3 juill. 1822. D. Jur. gen. *Servitudes*,
n° 27.

qu'on ne peut mettre en avant dans ce sens que des considérations d'intérêt général..., il faut absolument, ce qui est toujours bien dangereux, opposer l'intérêt public à l'intérêt privé... Mais le texte et les principes résistent absolument à cette interprétation : aussi est-elle aujourd'hui universellement abandonnée par les auteurs et la jurisprudence [1]. Autrement il faudrait admettre que les habitants de la commune eussent le droit de venir puiser l'eau jusque sur le fonds du propriétaire de l'étang ou de la citerne. Ce serait une gêne tout à fait exorbitante que rien dans la loi ne justifie.

Il faut, en second lieu, que ce droit soit exercé par une commune, village ou hameau. Quand il s'agit d'une commune, pas de difficulté; mais que faut-il entendre par village ou hameau?

Ne perdons pas de vue la nature de l'exception établie par l'article 643 : c'est l'intérêt général qui l'a fait admettre : il faut donc, pour que notre article soit applicable, que l'intérêt général soit en jeu. Un simple intérêt privé, si considérable, si respectable soit-il, ne saurait suffire. Nous en tirerons cette conclusion que, pour qu'il y ait village ou hameau dans le sens de l'article 643, nous ne saurions nous contenter d'une agglomération d'individus, d'une ferme, par exemple, il faut une agglomération de familles, de foyers distincts.

C'est ce qu'a fort bien décidé la Cour de Limoges : « Le bénéfice de l'article 643 ne peut être invoqué que « dans l'intérêt d'une communauté et non dans celui « d'un particulier, lors même qu'il prétendrait que son

_____

(1) Notamment Demolombe, *Serv.*, t. I, n° 90, et Montpellier, 16 juill. 1866. Sir., 67. 2. 115; Nîmes, 13 juill. 1867. Sir., 68. 2. 218, etc.

« exploitation constitue à elle seule un hameau (1). »

Il y a là toutefois une nuance importante à saisir. Souvent des exploitations industrielles, en exigeant un grand nombre de bras, ont amené autour d'elles la création de hameaux, de villages, ou même de villes entières ; le même fait peut se produire pour une exploitation agricole. Il est bien évident alors que nous ne sommes plus en présence d'un simple intérêt privé et que l'article 643 redevient applicable. C'est une pure question de fait et nous ne saurions admettre, comme semble l'indiquer un arrêt de Cassation (2), que ce soit à l'autorité administrative à donner à une agglomération d'habitants la qualité de hameau. Le pouvoir d'appréciation des tribunaux en cette matière est souverain.

Il ne faut pas oublier non plus que, si une personne privée ne peut pas, en vertu de son droit propre, réclamer application de l'article 643, elle le peut toujours par application de la loi du 18 juillet 1837, en agissant au nom de la commune et avec l'autorisation du Conseil de préfecture.

Il ne suffit pas qu'il y ait communauté d'habitants, il faut, en outre, que la source lui soit absolument nécessaire. La loi est formelle. Peu importe que la disparition de la source entraîne pour la commune une grande gêne, qu'elle entraîne, par exemple, la disparition de moulins et oblige les habitants à faire moudre leur grain, au loin, à grand prix.

Les auteurs ont souvent cherché à éluder la rigueur de l'article 643. Ainsi, en ce qui touche la dernière hy-

(1) Limoges, 13 mai 1840, Dall., 41. 2. 25.
(2) Cass., 15 janvier 1835. Sir., 35. 1. 105.

pothèse que nous venons de citer, M. Garnier décide que, si un moulin sert à l'approvisionnement d'un hameau, il doit être interdit au propriétaire de l'héritage qui renferme la source d'en détourner le cours. De même pour l'irrigation des communaux [1].

Mais, si les auteurs ont quelquefois hésité, la jurisprudence n'a jamais varié et elle a toujours appliqué strictement les termes de l'article 643. Il faut qu'il y ait nécessité, c'est-à-dire que les eaux de la source soient indispensables pour les usages domestiques [2]. Par exemple, dès qu'il y a nécessité dans la situation actuelle des choses, l'article 643 est applicable et le propriétaire de la source ne saurait alléguer, par exemple, que les habitants de la commune trouveraient facilement de l'eau en creusant des puits. Peu importe également que la nécessité ne soit pas de tous les instants, qu'elle soit discontinue ou continue... Il suffit qu'à un moment donné la communauté d'habitants manque absolument d'eau pour que ses membres puissent invoquer l'article 643.

§ II. — Conséquences de la servitude établie par l'article 643.

La première conséquence, c'est que le propriétaire de la source ne peut plus en changer le cours, et cela, *ipso facto,* sans qu'il y ait lieu d'employer les formalités de l'expropriation. C'est là une importante dérogation au droit commun. La dérogation ne porte, d'ailleurs,

---

[1] Garnier, *Régime des eaux,* t. III, n° 745.

[2] Notamment Colmar, 26 mai 1857. Loi 58. 2. 343 et Cass., 4 mars 1862. Dall., 62. 1. 283.

que sur la forme, sur le principe, mais, en fait, l'article 643 admet que le propriétaire ne peut être dessaisi de son droit que moyennant indemnité. Cette indemnité, comme l'indique très-justement M. Demolombe, n'a d'autre but que de rendre le propriétaire indemne et, par conséquent, elle devra être calculée non sur l'avantage que la commune retire de la source, mais sur le préjudice causé.

La règle, c'est l'indemnité; mais il ne faut pas oublier les derniers mots de l'article 643 : « Si les habitants « n'en ont pas acquis ou prescrit l'usage... »

Acquis... n'importe comment, par acte entre-vif ou par succession, à titre onéreux ou à titre gratuit.

Prescrit... que faut-il entendre par là? La question n'est pas sans difficultés, et on peut donner de très-bons arguments dans le sens de chacune des opinions qui se sont produites. D'après M. Demolombe et la grande majorité des auteurs, il ne peut être question ici que d'une prescription libératoire. En vertu de l'article 643, la communauté d'habitants a la jouissance de l'eau, par cela seul qu'elle lui est nécessaire, mais, moyennant une indemnité; si le propriétaire de la source reste trente ans sans en exiger le paiement, il y a par là même extinction de sa créance. M. Valette et M. Mourlon s'en tiennent aux termes mêmes de l'article 643 : « Si les habitants n'en ont pas prescrit l'usage. » Il s'agit, disent-ils, d'une véritable prescription acquisitive. Pour eux, une double hypothèse peut se présenter; la communauté d'habitants a-t-elle dénoncé au propriétaire de la source son intention d'exercer son droit? Celui-ci, s'il ne le conteste pas, devient par là même créancier de l'indemnité et, s'il reste trente ans sans l'exiger, la créance s'éteindra par trente ans, conformément au droit commun; mais, si la communauté d'habitants n'a pas dénoncé son intention, elle n'a aucun droit sur l'eau et elle ne peut en prescrire l'usage que par des travaux effectués sur le fonds supérieur : ce serait l'hypothèse prévue par l'article 643 *in fine*. Cette distinction, si ingénieuse qu'elle soit, nous semble absolument arbitraire; l'économie générale de l'article et les principes paraissent bien la condamner. L'article 643 pose d'une façon générale le droit de la communauté d'habitants : du moment que l'eau lui est nécessaire, son droit existe, et pour l'exercer elle n'a besoin d'aucune dénonciation. Mais ce droit n'existe que sauf indemnité et, après en avoir posé le principe, l'article 643 ajoute : « si les ha- « bitants n'en ont pas acquis ou prescrit l'usage... » L'expression peut n'être pas très-exacte au point de vue grammatical, mais la suite des idées indique qu'il s'agit ici de la prescription libératoire de l'indemnité.

Comme le remarque très-bien M. Demolombe, la nécessité à elle seule constitue si bien un titre pour la communauté d'habitants, sans qu'il soit besoin de dénonciation, que la Cour de cassation n'hésite pas à lui accorder les actions possessoires, dans le cas où le propriétaire voudrait détourner la source [1].

M. Nadault de Buffon, tout en se rangeant à cette doctrine, décide que l'exécution d'ouvrages sur le fonds supérieur ne sera pas sans avantages pour la communauté d'habitants, parce que, dans le cas où, pour un motif ou pour un autre, la nécessité disparaîtrait, la communauté d'habitants conserverait *jure communi* son droit sur les

[1] Cass., 19 décembre 1854. *Le Droit*, 20 décembre 1854.

eaux, à la condition, bien entendu, que trente années se soient écoulées depuis l'exécution des travaux.

A vrai dire, ce cumul de la servitude légale créée par l'article 643, et de la servitude acquise conformément au droit commun, nous semble peu juridique. En effet, pour qu'on puisse acquérir par prescription un droit sur une chose, la première condition c'est qu'on n'ait pas ce droit en vertu d'une autre cause. Or, la communauté d'habitants a la jouissance de l'eau de la source, en vertu de l'article 643, par ce seul fait qu'elle lui est nécessaire; comment admettre qu'elle puisse en même temps prescrire cette jouissance? Elle l'a, donc elle ne peut pas l'acquérir. C'est une question de bon sens. Est-ce à dire que ces travaux seront absolument inutiles? Non, mais ils ne produiront leur effet qu'à partir du jour où la nécessité disparaîtra, c'est-à-dire qu'à partir de ce jour-là seulement courra le délai de trente ans pour prescrire.

Il est bien évident *à fortiori* que, dans le cas où il n'y aurait pas, où il n'y aurait jamais eu nécessité, les habitants d'une commune ou d'un hameau pourront toujours prescrire l'usage de l'eau, comme de simples particuliers, en remplissant les conditions de l'article 641.

Une fois l'indemnité payée ou prescrite, l'article 643 nous dit que le propriétaire de la source ne peut plus en détourner le cours. Quelle est au juste la portée de cette prohibition? Elle sera limitée en raison des motifs mêmes qui ont fait admettre la disposition de l'article 643. Le propriétaire de la source ne peut la détourner, parce qu'elle est nécessaire à une communauté d'habitants, mais il est bien évident que, pour tout ce qui n'est pas nécessaire, pour tout ce qui est surabondant, le droit absolu du maître sur sa chose reparaît. Il peut en user comme il l'entend, par conséquent il peut détourner, il peut céder. En revanche, l'indemnité qui lui est due en vertu de l'article 643, ne sera évidemment calculée que sur la quantité d'eau qu'il est obligé de laisser à la consommation des habitants. Au besoin, les tribunaux ordinaires détermineront quelle doit être cette quantité et quelle est l'indemnité afférente.

Il ne faut pas, d'ailleurs, expliquer d'une façon pharisaïque ces mots de l'article 643, « changer le cours. » C'est l'erreur dans laquelle tombent, à notre sens, MM. Pardessus et Nadault de Buffon, lorsqu'ils soutiennent que la servitude de l'article 643 consiste uniquement à interdire au propriétaire de la source de détourner le cours [1]. L'idée de nécessité domine toute cette matière et, sous peine de faire tomber la loi dans une étrange inconséquence, il faut reconnaître, avec Marcadet et Demolombe [2], que le propriétaire de la source ne peut, de quelque façon que ce soit, priver la communauté d'habitants des eaux qui lui sont nécessaires. Sans doute, il en conserve l'usage, mais à la condition de les donner à la communauté négative à la sortie de son fonds, à la condition de ne pas en faire un usage abusif, notamment de ne pas les corrompre.

Nous n'irons pourtant pas jusqu'à soutenir, avec Proudhon, que le propriétaire de la source doit donner accès sur son fonds pour venir y puiser de l'eau. Ce serait modifier profondément la nature de la servitude qui

---

(1) Pardessus, t. I, n° 138. — II. Nadault de Buffon, ch. V, sect. II, § 1.

(2) Marcadé, t. II, p. 635. — Demolombe, *Serv.*, t. I, n° 100. — Duranton, t. V, n° 190.

consiste uniquement à laisser prendre l'eau à la sortie du fonds.

Nous n'admettrons pas davantage, avec le même auteur, que le propriétaire d'un fonds perde le droit qu'il a de faire des fouilles dans son fonds par le motif que ces fouilles couperaient les veines souterraines qui alimentent une commune. L'article 643 est uniquement relatif aux sources apparentes, aux sources ayant jailli du sol et, en ce qui concerne le droit absolu de fouille qui appartient à tout propriétaire, nous renvoyons aux développements que nous avons donnés au début de cette étude.

Une dernière conséquence de l'article 643, c'est que le droit qu'il crée au profit des communautés d'habitants faisant partie du domaine public communal sera par là même imprescriptible.

SECTION III.

Des eaux thermales.

Quel que soit le respect que le législateur professe pour les droits du propriétaire de la source, il a toujours jugé que, si les eaux de cette source avaient une vertu curative, l'intérêt général devait alors primer l'intérêt particulier. De tout temps on a considéré que la société avait un certain droit sur ces eaux et on a entouré leur exploitation de garanties qui, sans supprimer le droit de propriété du maître de la source, le limite et tend à empêcher l'abus. C'est ce que va nous montrer un court exposé historique.

I. — Législation antérieure à 1789.

Dès le XVIIe siècle, nous voyons apparaître quelques règlements en cette matière. Le plus ancien est un édit de Henri IV de 1605, il ne nous est pas parvenu, non plus que les lettres patentes du 19 août 1709 et la déclaration du 15 décembre 1715. Il en est autrement de la déclaration du 25 avril 1772, dans laquelle nous trouvons une réglementation extrêmement complète. Elle établit une commission royale de médecine pour la distribution des eaux minérales, mais, en même temps, elle affirme très-nettement le droit de propriété du maître du fonds où jaillit la source, « sans préjudice néan-« moins du droit de propriété des bains, sources et « fontaines desdites eaux minérales appartenant aux pro-« priétaires du fonds où lesdites sources et fontaines « sont situées et qui en sont en possession. »

La commission nomme des médecins auxquels elle confie la visite et le soin des sources; trois commissaires sont chargés, sous le nom d'inspecteurs généraux des eaux minérales, de veiller sur les eaux connues et de chercher à en découvrir de nouvelles.

Enfin on organise des bureaux de distribution où est affiché le tarif des eaux.

Citons encore la circulaire du duc de La Vrillière, du 30 septembre 1772, les arrêtés du conseil du 2 avril 1774 et du 12 mai 1775, les lettres patentes d'août 1778 et la déclaration du 26 mai 1780, qui ne font que confirmer et développer les dispositions de la déclaration du 25 avril 1772.

L'arrêté de mai 1781, qui attribue la police des eaux aux paroisses, ne se contente pas de reproduire, relativement aux eaux minérales, les précédents édits ou arrêtés ; il organise le corps des intendants des eaux minérales, qui doivent rendre compte chaque année de l'état des sources au premier médecin du roi, auquel on donne, pour la circonstance, le titre de surintendant général des eaux ; ils dirigent complètement chaque établissement thermal, au point que le droit du propriétaire consiste presque uniquement à percevoir le prix fixé par la société de médecine.

II. — Époque révolutionnaire.

Les principaux documents législatifs de cette époque sont l'arrêté du Directoire du 23 vendémiaire an VI, celui du 29 floréal an VII, l'arrêté des consuls du 3 floréal an VIII, et celui du 6 nivôse an XI. Ces différents règlements, qui restèrent en vigueur pendant l'Empire et les premières années de la Restauration ne font le plus souvent que reproduire la législation antérieure, en y adaptant des formules conformes au nouvel ordre de choses. Signalons toutefois l'innovation de l'arrêté de vendémiaire an VI : « Les militaires blessés au service de la « patrie et les indigents munis de certificats des autori- « tés qui les auront adressés, constatant leurs blessures ou « infirmités, recevront gratuitement le secours des eaux. » Cette disposition a toujours été reproduite depuis.

Signalons également l'article 18 de l'arrêté de l'an VII, d'après lequel les sources appartenant à l'État doivent être affermées et leurs revenus employés exclusivement à leur amélioration.

III. — Ordonnance du 18 juin 1823.

L'ordonnance du 18 juin 1823 eut pour but de codifier tous les règlements relatifs aux eaux minérales. Pour la première fois on distingua nettement les établissements de l'État, ceux des départements, communes et institutions charitables, et enfin ceux des particuliers.

Le titre III de l'ordonnance s'occupe des premiers et des seconds. Les établissements de l'État sont administrés par les préfets sous l'autorité du ministre de l'intérieur. Ceux des départements, communes et institutions charitables sont soumis au même régime que les autres biens leur appartenant : c'est l'application pure et simple du droit commun.

Quant aux sources des particuliers, voici leur situation. — Elles ne peuvent d'abord être mises en exploitation, pas plus du reste que les précédentes, sans une autorisation préalable, délivrée par le ministre de l'intérieur, sur l'avis des autorités locales, et après l'inspection d'un homme de l'art (articles 1 et 2).

Il en est de même de la vente, sauf pour le débit qui en est fait dans les pharmacies (article 1).

Le ministre a-t-il à cet égard un pouvoir discrétionnaire? Il l'a toujours prétendu, mais la jurisprudence administrative a trouvé cette prétention excessive et elle a délimité avec beaucoup de sagesse les cas extrèmement rares où l'autorisation pouvait être refusée. Nous croyons devoir citer intégralement la décision du Conseil d'État du 6 décembre 1878, qui pose le principe avec une remarquable netteté.

« Considérant que l'arrêté du Conseil du 5 mai 1781,

« l'arrêté du Gouvernement du 24 floréal an VII et l'or-
« donnance du 18 juin 1823, qui ont soumis à une auto-
« risation préalable, après une instruction dont les formes
« sont déterminées, l'exploitation et la mise en vente des
« eaux des sources minérales qui viendraient à être dé-
« couvertes, n'ont conféré à l'administration le pouvoir
« d'apprécier les demandes qui lui sont présentées à cet
« effet, que dans le but de prévenir les dangers qui peu-
« vent résulter de la distribution et de la mise en vente
« des médicaments nuisibles à la santé publique; qu'il
« résulte tant du texte de la décision attaquée que des
« déclarations que le ministre de l'agriculture et du com-
« merce a faites sur le pourvoi, que ledit ministre n'a
« pas entendu apprécier la demande qui lui était soumise
« par le sieur Larbaud au point de vue de l'intérêt de la
« santé publique, mais qu'en refusant l'autorisation d'ex-
« ploiter l'eau minérale de la source Prunelle, il a en-
« tendu prendre une mesure de conservation pour la pro-
« tection d'une source minérale voisine appartenant à
« l'État; que si la loi du 14 juillet 1856 autorise l'admi-
« nistration à prendre dans l'intérêt de la conservation des
« sources minérales les mesures de protection que la-
« dite loi détermine, le ministre ne pouvait faire servir
« à ce but les pouvoirs qui lui ont été conférés dans l'in-
« térêt de la santé publique, par l'arrêt du Conseil du
« 5 mai 1781, l'arrêté du Gouvernement du 3 floréal
« an VII et l'ordonnance du 18 juin 1823; qu'il suit de
« là qu'en prenant la décision attaquée, le ministre a
« excédé ses pouvoirs (1).... »

Ces considérations sont éminemment sages et bien con-

(1) 6 déc. 1878. Lebon, 78, p. 973.

formes au but que s'est proposé le législateur. On ne saurait d'ailleurs s'en écarter sans favoriser les plus étranges abus du pouvoir.

C'est dans le même esprit que l'ordonnance a décidé que l'autorisation une fois donnée ne pouvait plus être retirée, sauf « en cas de résistance à l'ordonnance, ou « d'abus de nature à compromettre la santé publique. »

Contrairement à ce qui se passait précédemment, c'est le propriétaire qui fixe lui-même le prix des eaux, l'administration rend seulement sa décision exécutoire ; le tarif doit être affiché (articles 10 et 11).

Les indigents continuent à être soignés gratuitement, mais les dépenses de leur séjour sont mises à la charge des communes (articles 11).

Le préfet a des pouvoirs de police très-étendus ; les règlements qu'il édicte sont soumis à l'approbation du ministre de l'intérieur et doivent être affichés comme les tarifs (articles 8 et 9).

L'inspection est confiée à des docteurs en médecine et en chirurgie (articles 3 à 6). Leur traitement est arrêté par le préfet et mis à la charge de l'établissement (article 7). Ils doivent adresser au ministre des rapports annuels sur les eaux thermales qui leur sont confiées (article 12).

Le titre II est consacré tout entier à réglementer la fabrication des eaux minérales artificielles ; il a trait en outre à la police des dépôts et à la vente de toutes eaux : l'étude de ces matières, peu intéressante du reste, nous entraînerait hors de notre sujet.

IV. — Loi du 14 juillet 1856 et décret du 28 janvier 1860.

Nous avons déjà eu l'occasion d'étudier les dispositions les plus importantes de la loi de 1856, celles relatives à la servitude *non fodiendi* imposée aux héritages voisins d'une source d'eau minérale. Cette grande loi, si sérieusement étudiée, ne pouvait rester étrangère à ce qui concerne l'exploitation même de la source. Comme le disait très-bien l'Exposé des motifs : « En présence du privilège « accordé aux propriétaires de sources thermales, il faut « des garanties contre la possibilité d'une mauvaise ges- « tion. »

Le principe fondamental posé à cet égard, c'est que la propriété du maître de la source est une propriété essentiellement résoluble : il peut être exproprié pour mauvaise gestion. Tel est le but de l'article 12 de la loi : « Si « une source d'eau minérale, déclarée d'intérêt public, « est exploitée d'une manière qui en compromette la con- « servation, ou si l'exploitation ne satisfait pas aux be- « soins de la santé publique, un décret impérial, déli- « béré en conseil d'État, peut autoriser l'expropriation « de la source et de ses dépendances nécessaires à l'ex- « ploitation, dans les formes réglées par la loi du 3 mai « 1841. »

Le législateur ne s'est pas arrêté là et la question des établissements thermaux a été réglée en tous ses détails par l'un des décrets rendus en exécution de la loi.

Le décret du 8 septembre 1856, que nous avons déjà analysé, était relatif uniquement à la déclaration d'utilité publique et à la fixation du périmètre de protection.

C'est le décret du 28 janvier 1860 qui a réglé spécialement tout ce qui concerne l'exploitation et la surveillance des sources d'eaux minérales. En voici les principales dispositions.

Le décret de 1860, remarquons-le d'abord, n'abroge pas l'ordonnance de 1823, il la maintient au contraire expressément, et il se contente de la compléter et de la modifier en certains points.

La surveillance, et cette règle a été vivement critiquée par les hommes les plus compétents, ne s'applique plus indistinctement à toutes les sources thermales, mais seulement à celles qui ont un revenu de plus de 1,500 fr. Au-dessous de 1,500 fr., elles sont soumises uniquement à des inspections accidentelles, quand le ministre le juge à propos; au-dessus de ce chiffre, elles sont divisées en trois catégories, suivant que leur revenu est de 10,000, de 5,000 à 10,000 ou de 1,500 à 5,000 francs (art. 4 et 5). Le médecin inspecteur, nommé par le ministre (art. 3), et dont le traitement varie suivant la catégorie, n'est plus rétribué directement par l'établissement, mais par l'État, avec ressources tirées d'une taxe qui porte proportionnellement sur tous les établissements (art. 18, L. de 1856; art. 7, décr. de 1860).

Les médecins inspecteurs surveillent les établissements auxquels ils sont attachés, ils donnent gratuitement leurs soins aux indigents et ne peuvent rien exiger des malades qu'ils ne soignent pas (art. 9, 10 et 11 s.). Ni la loi ni le décret ne leur donnent le droit d'interdire l'usage des eaux à qui que ce soit. L'article 15 du décret leur en fait même défense : « L'usage des eaux n'est « subordonné à aucune permission, ni à aucune ordon« nance de médecin. »

Et pourtant, malgré cette disposition si précise, on n'admet généralement aucun baigneur, s'il ne justifie d'une ordonnance de son médecin. C'est très-sage, mais peu légal : la Cour de cassation ne l'a pas jugé ainsi, et elle a trouvé parfaitement corrects en droit les arrêtés préfectoraux qui sanctionnent cette exigence des médecins inspecteurs [1].

Tout ce qui concerne la police intérieure de l'établissement, nous venons de l'indiquer, est du ressort du préfet, qui agit, soit spontanément, soit sur l'indication des médecins inspecteurs (art. 16). Les arrêtés qu'ils prennent doivent être affichés (art. 17), et ils ont la valeur de tous les règlements de police, dont l'observation est sanctionnée par l'article 471, n° 15 du Code pénal [2].

Le tarif détaillé des eaux doit être envoyé au préfet au moins un mois avant l'ouverture de chaque saison ; il est également affiché à l'intérieur et à l'extérieur de l'établissement (art. 18 et 19).

Les établissements thermaux sont en outre soumis à la visite des ingénieurs des mines, qui constatent les contraventions concurremment avec les médecins inspecteurs (art. 13 et 14).

Enfin le titre III renferme un grand nombre de dispositions relatives à la répartition et la perception de la taxe destinée à couvrir les frais de surveillance et d'inspection. Elles n'ont trait qu'indirectement à notre sujet et nous n'avons pas à nous y étendre.

Telles sont les principales restrictions apportées au

(1) Notamment Cass., 8 janv. 1858 et 28 janv. 1861.
(2) Cass., 7 fév. 1862. Dall., 62. 1. 252.

droit du propriétaire des sources d'eaux thermales. Si quelques-unes ont été inspirées par cette passion de tout réglementer qui se trouve au fond de beaucoup de nos lois, en principe elles sont d'une légitimité incontestable. Nous sommes en présence de l'un de ces cas bien rares où les droits individuels doivent fléchir devant l'intérêt public, et, quand il s'agit d'assurer à notre pays l'une de ses principales richesses, à la santé publique l'un des moyens curatifs les plus énergiques, on ne saurait exiger trop de garanties.

APPENDICE I.

Le droit des sources dans les législations étrangères.

Nous avons eu souvent à regretter des lacunes dans notre droit ; beaucoup de points, nous l'avons vu, restent obscurs et donnent lieu à de graves difficultés. Il faut bien reconnaître que ce n'est pas là un caractère spécial à la loi française et que les législations étrangères n'ont rien à nous envier à cet égard. A part une loi espagnole du 3 août 1866 et les dispositions assez complètes du Code civil italien, le régime des eaux n'a jamais été l'objet de travaux sérieux, et encore les deux lois que nous venons de citer laissent-elles place à de nombreuses incertitudes pour celui qui voudrait en faire une étude approfondie.

Le principe est partout le même que dans notre droit : la source appartient au maître du fonds où elle jaillit, et les propriétaires inférieurs sont tenus de recevoir les eaux qui coulent naturellement du fonds supérieur. Tel est, notamment, le droit germanique ainsi résumé par M. Lehr : « Les sources qui jaillissent du sol naturel-« lement ou artificiellement appartiennent au proprié-

« taire du fonds, sauf le droit que le voisin aurait acquis
« par titre ou par prescription (1). » Les articles 536
et 540 du Code italien copient presque textuellement le
Code civil (2). La loi espagnole décide que les eaux qui
jaillissent sur un fonds particulier appartiennent au maître du fonds. Lorsqu'il ne les retient pas, les eaux doivent s'écouler hors du fonds par leur lit naturel et ha-
bituel, sans que les propriétaires inférieurs puissent
réclamer de ce chef la moindre indemnité (3).

Les Codes suisses proclament des règles analogues.
Ainsi, le Code de Glaris, le plus récent d'entre eux,
décide, dans son article 213, que les sources qui jaillissent sur un fonds sont considérées comme en dépendant.
Toutefois, il semble que le législateur n'ait vu là qu'un
simple droit d'usage, car il assimile aux sources les
ruisseaux qui traversent le fonds; on aurait aimé sur
ce point un peu plus de netteté. L'article 142 décide
que le propriétaire du fonds inférieur est tenu de recevoir les eaux qui s'écoulent naturellement d'un fonds
situé plus haut, mais il n'est pas tenu de recevoir les
eaux que le propriétaire du fonds supérieur aurait fait
jaillir artificiellement. L'article 192 ajoute également, et
c'est là une notable différence avec notre droit, que le
propriétaire du fonds supérieur est tenu de faire les
travaux nécessaires pour que les eaux, s'écoulant de
chez lui, soient aussi peu dommageables que possible
aux fonds inférieurs (4).

(1) Lehr, *Droit germanique*, p. 111.
(2) C. civ. ital., et C. Nap. Th. Huc, t. II, p. 123 et 124.
(3) Lehr, *Droit espagnol*, p. 231 et suiv.
(4) Annuaire 1875, p. 501 et suiv.

De même, la loi de Vaud pose, dans les articles 426 à 430, le principe consacré par les articles 640 et 641 du Code civil français, et s'expliquait sur un point que notre loi laisse à l'interprète le soin d'élucider, elle ajoute que le propriétaire supérieur pourra toujours réunir ses eaux dans des fossés ou aqueducs, et les faire écouler, de cette manière, sur les fonds inférieurs [1].

Les législations des peuples du Nord sont, en général, moins explicites, mais leur silence s'explique facilement. Elles ont vu dans ces dispositions des règles tellement élémentaires, tellement naturelles, qu'il était inutile d'en faire l'objet d'un article de loi. Il faut leur appliquer à toutes ce que M. Lehr dit, avec beaucoup de raison, du Code civil russe : « Nous n'avons point trouvé dans le « Code civil russe, de texte confirmant expressément « cette disposition, mais il n'est pas douteux que l'on « appliquerait, le cas échéant, le même principe [2]. »

Ainsi, sur le droit du maître de la source, sur la servitude imposée aux propriétaires inférieurs, nous trouvons entre les lois étrangères et la loi française, la plus grande analogie. Notons seulement, dans le même ordre d'idées, que certaines lois accordent au maître du fonds où jaillit la source, un droit que lui refusait notre Code, qui n'a été admis que par des lois postérieures, le droit de conduire les eaux de la source dans des terres qui lui appartiennent, en leur faisant traverser les fonds intermédiaires, ou, en d'autres termes, le droit d'imposer a ses voisins la servitude d'aqueduc. Ce droit est d'ailleurs plus ou moins étendu suivant les pays. Les lois russes,

---

(1) Antoine de Saint-Joseph, *Concordance des Codes.*
(2) Lehr, *Droit civil russe*, p. 313.

dont nous venons de dire un mot, ne l'admettent qu'au moyen de tuyaux ou de fossés; pour un canal maçonné, il faut le consentement exprès du propriétaire du fonds servant. Le Code autrichien cite cette servitude parmi celles qu'il donne comme exemples. Le Code de Glaris l'impose également, mais moyennant indemnité et à condition que le travail puisse se faire sans dommage notable pour les bâtiments et les jardins.

Les lois étrangères, comme notre Code, admettent des restrictions au droit du maître de la source. C'est d'abord le titre par lequel d'autres propriétaires auraient acquis des droits sur la source; c'est en second lieu la prescription. Ici nous avons quelques points intéressants à signaler. On se rappelle la grave controverse soulevée dans notre droit à propos des travaux qui servent de point de départ à la prescription : faut-il qu'ils empiètent sur le fonds supérieur ou suffit-il au contraire qu'ils aient été exécutés sur le fonds inférieur? Plusieurs lois tranchent nettement la question, les unes en faveur du maître de la source, les autres contre lui.

L'article 541 du Code italien dispose que la prescription ne s'acquiert que par une possession continuée pendant trente ans, à partir du jour où le propriétaire du fonds inférieur a fait et terminé sur le fonds supérieur des ouvrages apparents et permanents destinés à faciliter la pente et le cours des eaux sur son fonds et qui aient servi à cette fin.

Le Code de Glaris révèle une tendance tout opposée : « Il y a lieu, dit l'article 216, de s'en tenir surtout au « principe que l'eau ne peut être, au préjudice d'éta- « blissements existants, ni détournée ou retenue en « amont, ni arrêtée en aval. »

La loi espagnole de 1866 n'exige même pas que le propriétaire fasse des travaux apparents. Il suffit de vingt années de jouissance ininterrompue pour entraîner prescription.

D'après notre Code, le maître de la source ne peut retenir ni détourner les eaux qui seraient nécessaires à une communauté d'habitants. Nous n'avons trouvé de disposition analogue que dans le Code italien et le Code du canton de Vaud qui, sous ce rapport, ont copié textuellement le nôtre. Il faut remarquer toutefois qu'une pareille disposition perd beaucoup de son utilité dans les pays où, comme en Espagne, on admet la prescription fondée sur la simple jouissance.

Enfin, cette même loi espagnole a compris que les eaux minérales devaient être régies par des principes spéciaux, et, tout en reconnaissant le droit supérieur du maître du sol, elle décide que, si ce dernier ne les utilise pas, le Gouvernement peut, dans l'intérêt de tous et après avoir pris l'avis de la Junte provinciale, du Conseil de santé et du Conseil d'État, recourir à l'expropriation.

Tel est le droit des sources dans les principales législations étrangères. Nous n'avons pu l'esquisser que dans ses grandes lignes : les limites de ce travail nous interdiraient d'entrer dans l'étude des détails, œuvre longue et difficile, grâce aux incertitudes et aux obscurités qui abondent en un pareil sujet.

APPENDICE II.

Des réformes à apporter à notre droit.

La question des sources est l'une de celles qui méritent le plus d'attirer l'attention du législateur dans un pays comme la France, sillonné de nombreux cours d'eau, qui sont autant d'instruments de richesses, non-seulement pour l'agriculture, mais encore pour l'industrie. Aussi, arrivé au terme de ce travail, nous a-t-il paru intéressant de jeter un coup d'œil en arrière et de nous demander, en négligeant toute question de détail, si les principes posés par notre loi et par notre jurisprudence étaient de nature à donner pleine satisfaction.

La réponse ne saurait être douteuse. En accordant au maître du fonds où une source jaillit, un droit presque absolu sur les eaux de cette source, en refusant toute protection aux usiniers qui, depuis de nombreuses années, font usage de ces eaux, en exigeant, pour qu'il y ait prescription, cette condition presque impossible que des travaux apparents aient été faits sur le sol même de la source, notre loi et notre jurisprudence compromettent les intérêts les plus respectables et peuvent, à un moment donné, causer de véritables désastres. Il nous suffira de constater que, grâce à ces principes, dans ces dernières années, des centaines d'usines ont été fermées et des milliers d'hectares de prairies ont été desséchés. Nous comprenons que les grandes villes désirent posséder des eaux fraîches et pures; mais est-ce une raison suffisante pour venir ravir à des populations éloignées ce qu'elles considéraient jusqu'alors comme leur bien, comme la richesse et l'ornement de leur contrée. C'est ce qu'a fort bien indiqué M. Nadault de Buffon dans ses *Considérations sur le régime légal des eaux de source :* « En jetant « les yeux, dit-il, sur les oppositions et protestations pro- « duites, en pareils cas, dans des localités différentes, « par les usagers des petits cours d'eau, ainsi menacés « dans l'exercice de leurs droits les plus légitimes, on peut « constater que toutes reflètent la double impression : « d'abord d'un véritable étonnement en voyant s'accom- « plir, avec la sanction des pouvoirs publics, un fait évi- « demment contraire à l'intérêt général; puis d'un pro- « fond découragement, à la seule idée qu'aucune autorité « ne sera compétente pour les préserver de ce qu'ils con- « sidèrent avec raison comme un dommage irréparable, « ne pouvant, dans beaucoup de cas, être compensé même « à prix d'argent [1]. »

On parle d'indemnités... Nous reconnaissons volontiers que, lors des grandes dérivations auxquelles nous faisons allusion, on a été très-large, mais légalement on pouvait ne pas l'être, et d'ailleurs, comme le disait fort bien l'un des pétitionnaires de la vallée du Surmelin : « On peut « indemniser les usiniers et les propriétaires des prés;

---

[1] Nadault de Buffon. *Considérations sur le régime légal des eaux de source,* p. 398.

« mais quelle indemnité accorder au reste des habitants
« qui se verraient privés des usines qui servent à moudre
« leur grain, et des prairies qui leur fournissent les
« fourrages dont ils ont besoin? » « Paris, disait naïve-
« ment un autre pétitionnaire, Paris désire les eaux
« de notre rivière; il y a bien des choses à Paris que, de
« notre côté, nous pouvons désirer, mais nous pensons
« que chaque localité doit rester en possession de ce que
« la nature lui a donné, et de ce que l'art et la civilisation
« ont pu y introduire. »

Il y aurait là matière à de promptes et sérieuses ré-
formes : aussi regrettons-nous de voir dormir dans les
cartons du Sénat, depuis bientôt deux ans, le projet de
loi sur le régime des eaux, déposé par M. Varroy, alors
ministre des travaux publics [1]. Il apporte, en effet, un
remède sérieux au mal que nous signalons en tranchant
la fameuse controverse sur la prescription des eaux de
source dans le sens adopté par la grande majorité des
auteurs. L'article 5 de ce projet est ainsi conçu : « Le
« propriétaire d'une source ne peut plus en user au
« préjudice des propriétaires des fonds inférieurs qui,
« depuis plus de trente ans, ont fait et terminé, soit sur
« les fonds supérieurs, soit sur leur propre fonds, des
« ouvrages apparents et permanents destinés à utiliser
« les eaux ou à en faciliter le passage dans leur pro-
« priété. »

Le projet de loi ne se borne pas là, et, dans son chapitre III, consacré tout entier à l'alimentation en eau des
communes, il autorise les dérivations que nous avons

[1] Sénat, Annexe 17, séance du 24 janvier 1880. — *Journ. officiel*
du 14 février 1880.

plusieurs fois signalées au cours de ce travail, mais en même temps il les entoure de toute une série de garanties accordées aux divers intéressés.

Voici les articles du projet :

« Article 111. Les communes sont autorisées à exproprier les immeubles contenant superficiellement ou souterrainement les eaux nécessaires aux usages de leurs habitants. Elles pourront être autorisées à exproprier tout ou partie du volume des eaux sans être tenues d'exproprier l'immeuble.

« Article 112. L'expropriation s'étendra à toutes les servitudes fondées sur titre ou acquises par prescription au moyen d'ouvrages apparents établis sur le fonds où jaillit la source, et les propriétaires ou les usufruitiers seront tenus, en ce qui concerne ces servitudes, aux obligations résultant de la loi du 3 mai 1841 sur l'expropriation pour cause d'utilité publique.

« Article 113. Les communes qui dériveront des eaux de source seront aussi tenues d'indemniser tous autres propriétaires qui se servaient à un titre quelconque des eaux, soit pour la mise en jeu de leurs usines, soit pour l'irrigation de leurs terres, soit pour un autre usage ; mais ces indemnités seront réglées comme en matière de dommages résultant de l'exécution de travaux publics.

« Article 114. Les projets de dérivation dressés par les administrations municipales seront, avant toute enquête, soumis au Comité consultatif d'hygiène publique et au Conseil général des ponts et chaussées. La décision ministérielle, autorisant l'enquête, désignera les communes dans lesquelles cette enquête devra avoir lieu.

« Article 116. L'acte portant déclaration d'utilité publique déterminera le volume d'eau maximum qui sera dérivé; le volume d'eau reconnu nécessaire aux habitants des communes, villages ou hameaux, le volume d'eau minimum que les communes s'engagent à restituer en temps d'étiage, soit au moyen de réservoirs de compensation, soit au moyen d'autres travaux dont elles prendraient la charge. Les quantités d'eau dérivées par les communes ne pourront excéder celles qui sont nécessaires aux usages domestiques de leurs habitants, que si, par des restitutions ou compensations suffisantes, satisfaction est laissée aux besoins des usagers actuels. »

Ces différentes dispositions constituent un sérieux progrès sur celles du Code civil; mais sont-elles suffisantes? Ne conviendrait-il pas d'aller plus loin et de transformer le droit de propriété du maître du fonds où jaillit la source en un simple droit d'usage qu'il exercerait concurremment avec les propriétaires inférieurs? Ne conviendrait-il pas d'entourer de garanties encore plus efficaces l'expropriation des droits sur les eaux, lorsque cette expropriation est faite au profit de communes éloignées? Ne conviendrait-il pas, enfin, de limiter le droit de fouille, ou tout au moins de contraindre tout propriétaire à réparer le dommage qu'il causerait volontairement par ses forages aux sources déjà existantes? Voilà autant de questions qui mériteraient d'être étudiées et combien d'autres analogues? Elles n'auraient, certes, pas autant de retentissement dans l'opinion que bien des questions politiques aujourd'hui à l'ordre du jour, elles ne donneraient pas lieu à d'aussi éloquents discours; mais n'intéressent-elles pas davantage la prospérité agricole et industrielle du pays?

TABLE DES MATIÈRES.

BAR-LE-DUC, IMPRIMERIE CONTANT-LAGUERRE.